JN014709

Introduction to International Business Law

国際ビジネス法概論

阿部博友
Abe Hirotomo

[著]

中央経済社

はしがき

わが国における多くの大学や法科大学院において「国際取引法」という名称の科目が開講されている。国際取引とは，その言葉の通り，国境を越えた，異なる法律や商習慣を有する相手方当事者との商品の売買取引をはじめとする各種取引の総称であり，それは国内取引と異なり，当事者所在国・地域による法制度や商習慣の違い，使用する通貨の多様性，為替変動リスク，カントリーリスク，相手方の信用リスク，輸送途上における滅失・破損リスク，代金回収リスクや資金負担リスクなど様々な障害を有する取引である。

それでは，国際取引法とは何か。この用語について，故澤田壽夫先生がわかりやすくまとめられているので以下に引用したい。

　国際取引法とは，国境を越えて行われる取引を律する法で，もっぱら国際取引のために作られた法（例えば世界銀行協定，国際物品売買法）と，本来国際取引のためにつくられた法ではないが，国際取引にも適用される法（例えば民法のなかの契約法，不法行為法）を含む。つまり，およそ国境を越える取引に関する法ならば，公法も私法も，契約法のような実体法も，仲裁法のような手続法も，物の売買に関する法，知的財産の利用に関する法も，金銭や建設のような役務の動きに関する法も含まれることになる。取引の国際化，複雑化に伴い，1つの取引に関係するいろいろな問題を機能的，総合的に考えようとするものである[1]。

上記の通り，国際取引法は多面的な国際取引に適用される法について，横断的かつ総合的に検討する学問である点に特徴がある。このような学問としての特質は時を経ても変わるものではないが，その研究対象とする「国際取引」は日々進化を遂げており，現在では国際事業投資やM&A，そしてライセンス事

1　澤田壽夫『星を仰いで―大戦の前から現在まで―』（中央公論事業出版，2010）271頁。

業などを含む広範な「ビジネス」に発展している。その背景には，世界的な規制緩和の流れに呼応する形で，国家や産業間の垣根が次第に低くなり，経済のグローバル化やボーダーレス化が加速している現実がある。そこで，本書のタイトルは「国際ビジネス法概論」と表記し，各種ビジネスに関わる法的論点を広範に扱うこととした。

　本書は，3つのPARTから構成されていて，PART Ⅰでは国際ビジネス法の基礎について，従来国際取引法のテキストで扱ってきた主要な法的論点を取り上げた。PART Ⅱでは，国際ビジネスにおける不公正な活動の法規制の課題を取り上げ，国際ビジネスに関わる企業や人の行動におけるコンプライアンスの重要性に焦点を当てた。そしてPART Ⅲは国際ビジネス法の現代的課題と題して，SDGsに向けた人権や環境などの社会的課題に関わる法的枠組みを解説した。従来の「国際取引法」のテキストは，本書のPART Ⅰに当たる部分に比重が置かれていたが，相次ぐ企業不正，巨額の罰金や制裁金の賦課，そして日本人役職員の収監といった不祥事を防止するため，さらにはESGに重点を置いた国際ビジネスの発展に向けて，PART ⅡとPART Ⅲを含む3部構成で国際ビジネス法を学ぶことが必要であると考え，一橋大学法科大学院における授業にはこの学習手法を用いてきた。

　本書の刊行については，中央経済社の露本敦編集長に一方ならぬ御支援をいただいた。ここに深く御礼申し上げる。また，日々研究を支えてくれている筆者の家族にも感謝の意を表したい。

　国際ビジネスの初学者や国際ビジネスの実務に関わる人々が，国際ビジネスの法的枠組みを理解し，公正な国際ビジネスの実現に活用していただければ望外の喜びである。

　2021年12月28日　東京国立市の研究室にて

著　者

目 次

PART I　国際ビジネス法の基礎

Introduction

　本PARTでは国際ビジネスの交渉，契約の締結と履行，そして紛争処理に関するCASEの紹介を通じて国際ビジネス法を理解するための基礎知識の習得を目指す。合意により成立する契約は，当事者間に法律上の権利義務を発生させ，国際ビジネスは契約のフレームワークに準拠して遂行される。本PARTで解説する契約は，物品売買契約，販売店契約，国際合弁協定，ライセンス契約，国際海上物品運送契約，国際航空貨物運送契約のほか，国際業務提携契約や損害分担契約など多様な契約類型である。そして，契約の内容や解釈をめぐって当事者間で紛争が生じることも少なくないので，訴訟や商事仲裁などのCASEも紹介した。

　なお，国際契約は，適用される準拠法に従って法的な解釈が与えられる。この適用されるべき準拠法を決定する規範は，国際私法または抵触法と称される法であり，それは原則として各国の国内法として存在する。ちなみに，わが国における国際私法は，法の適用に関する通則法である。契約の解釈の基礎となる契約準拠法については，実務においては契約書に明記することを原則としている。

CHAPTER 1 契約締結上の過失理論

［国際合弁契約交渉からの離脱事件］

FOCUS

　契約は申込と承諾によって成立するが，契約の成立前となる契約交渉の過程において，当事者は何らかの法的責任を負担するであろうか。所有権絶対の原則，過失責任の原則（自己責任の原則）と並ぶ，近代私法の三大原則の１つである契約自由原則に従えば，契約当事者は，その合意により，契約について自由に決定することができる。つまり，誰とどのような内容の契約を締結するか，もしくは締結しないかは一義的には当事者の自由意思の問題である。しかし，契約締結前の段階であっても，いったん契約交渉が開始されると交渉当事者の間には一定の法律関係が形成されるとする思想は大陸法に深く根付いている。

　契約締結上の過失理論（*culpa in contrahendo*）とは，契約の交渉開始後から締結に至るまでの段階で，当事者の一方に帰責事由があったために契約締結に至らず，その相手方が不測の損害を被った場合に，責めを負うべき当事者は相手方に対して一定の損害を賠償すべきとする理論である。わが国ではこの理論的基礎を信義誠実の原則に求める見解が支配的である。

KEYWORDS

契約交渉，契約準備段階における信義，契約締結上の過失，誠実交渉義務，予備的合意書，不法行為

CASE

　マレーシア国籍を有するＸ（同国の政治家・実業家）は，Ｘが実質的に支配するブルネイ法人Ａ社を介してインドネシアにおけるいくつかの林区について木材採取権を有していた。1971年頃にＸは，Ｙ（日本の総合商社）と合弁事業により森林の開発

を企図して交渉を進め，両者間で共同開発に関する協定およびXが所有するA社の株式の一定割合をYに譲渡する契約および共同開発に関する協定について話し合いが行われた。しかし，Xは1974年に公共治安維持規則違反容疑に基づきマレーシア官憲に逮捕され拘禁された。その翌年にXはいったん釈放されたが，まもなく治安維持法違反に基づき再逮捕され，拘禁を解かれたのは1976年に至ってのことであった。Yは，Xからの交渉の要請を拒絶するとともに，両者間に契約は成立していないことから，YはXに対し何らの法的義務も負担していないと主張した。

　一方，Xは，既に関連契約はYとの間で有効に成立していると主張し，Yの不法行為を理由とする損害賠償請求訴訟をわが国の裁判所に提起した。Xは，主位的に契約上の債務不履行に基づく損害賠償を請求し，予備的に契約締結の準備が相当程度進んでいた本件事実関係の下では，Xには契約締結についての期待権があり，Yにはその期待を害しないように誠実に契約の成立に努めるべき信義則上の義務があるところこれに違反したと主張した。

──────────────────────────

　第一審[1]は，主位的請求については棄却したが，本件事実関係の下ではYには「原告の期待を害しないよう誠実に契約の成立に努めるべき信義則上の義務がある」として，予備的請求の一部を認めた。控訴審[2]も主位的請求を棄却し，予備的請求についてその一部を認容した[3]。以下に，控訴審判決をもとに，契約準備段階を規律する準拠法について，契約準備段階における信義則上の義務違反を理由とする不法行為責任について，そして損害賠償の範囲について解説する。

1. 契約準備段階を規律する準拠法の決定について

　本CASEに関する契約は，株式売買契約および共同開発協定であるが，前者については，明示的合意による準拠法の指定がなく，また，黙示の合意による指定がなされているとも認められない。したがって，当時のわが国の国際私法

────────────────────────────

1　昭和60年7月30日東京地方裁判所判決（判例時報1170号95頁）。
2　昭和62年3月17日東京高裁判決（判例時報1232号110頁）。
3　上告審はYの上告を棄却し判決は確定した。平成2年7月5日最高裁判所判決（最高裁判所裁判集民事160号187頁）。

の下では行為地により準拠法を決すべきこととなる。本CASEにおいては，契約締結交渉の過半は東京においてなされ，Ｘが本件契約の申込書であると主張する書面も東京で作成されていることから，控訴審は，本件契約の締結についての行為地は東京であると認めるのが相当であると判断した。また，本件協定について裁判所は，「株式売買契約を補充しこれと密接不可分なものであることが認められるから」，契約と「同一の法規たる日本国法が適用されると解するのが当事者の意思に適合する」と判断している。さらに，控訴審は本件を不法行為事件としてみた場合であっても，Ｘ・Ｙ間の交渉の過半が東京でなされている事実から，東京を原因事実発生地とみるのが相当であろうと判断した。

　本CASEは，法の適用に関する通則法（2007年1月1日に施行。以下「通則法」という）の施行前の案件であるが，通則法によれば，不法行為に関する準拠法は，予見可能性がなかった場合を除き，結果が発生し，または不法行為の行われた不法行為地の法とされている[4]。本判決は，本契約についての交渉地がわが国であることを理由に日本法を準拠法としているが，契約交渉による不法行為地と捉えているのか，それとも日本を損害発生地と捉えているのかは明らかでない。

2．不法行為責任について

　控訴審は，最高裁の以下の判決[5]を引用して，Ｙによる不法行為責任を認定した。

　「信義誠実の原則は，現代においては，契約法関係を支配するにとどまらず，すべての私法関係を支配する理念であり，契約成立時においてのみならず，契約締結に至る準備段階においても妥当するものと解すべきであり，当事者間において契約締結の準備が進捗し，相手方において契約の成立が確実なものと期待するに至った場合には，その一方の当事者としては相手方の右期待を侵害しないよう誠実に契約の成立に努めるべき信義則上の義務があるものというべきであって，一方の当事者が右義務に違反して相手方との契約の締結を不可能ならしめた場合には，特段の事情がない限り，相手方に対する違法行為として相

4　法の適用に関する通則法第17条。
5　昭和58年4月19日最高裁判決（最高裁判所裁判集民事138号611頁）。

手方の被った損害につきその賠償の責を負うべきものと解するのが相当である」。

　控訴審は，本CASEについて，YはA社株式を買い受けたい旨の書簡をXに送付し，これに対してXはその申込を承諾する旨の書簡をYに送付したが，Yはこれに異議をとどめることなく受領するなど，YはXに本件協定が確実に成立するものとの期待を抱かせるに至ったものと判断した。そして，Yとしては「本件契約及び本件協定の締結に向けて誠実に努力すべき信義則上の義務を負うに至ったものというべきであり，右契約等締結の中止を正当視すべき特段の事情のない限り右締結を一方的に無条件で中止することは許されず，あえて中止することによって［X］に損害を被らせた場合にはこれを賠償する責を負うべきである」と断じた。

　この点について，Yは，本協定が成約に至らなかったのは，インドネシア少数株主の同意取得問題について当事者間において了解が得られなかった故である旨を主張したが，控訴裁判所は，証拠によれば，「［Y］の木材部門は1974年9月期には損失を計上するに至り，本協定の交渉中に木材取引の利益の見込みが薄くなったことが認められ，［Y］としては木材市況など経済情勢の変動のために本件契約及び本件協定締結の意欲が急速に減退したことがうかがわれる」などとYの主張を退けた。

　また，Xのマレーシア官憲による逮捕や拘禁については，「［X］は本件契約及び本件協定の当事者であるのみならず，合弁事業の中心人物となることが予定されていたのであり，このような重要人物が官憲により逮捕され長期間に亘り拘禁されるということは，合弁事業の将来に不安を抱かせるものであり，このことも［Y］において合弁事業を目的とする本件契約及び本件協定を締結することを中止するにいたった一因とみられなくもない」と前置きした上で，Yによる交渉離脱の「主たる理由はあくまで前示のとおり木材市況の低落にあったものというべき」であり，1975年に「漸く本件契約及び本件協定を締結する意思のないことを明確に表明するに至るまでの間，終始，［X］に対し右契約等が確実に成立するものとの期待を抱かせる態度をとり続けていた」としてYの責任を認定した。

　この控訴審判決については，「当初は合弁事業契約の締結に乗り気で再三相

手方に契約の成立とその履行を確言してきた商社が，何度も会議を重ね，いよいよ代表取締役が正式調印をする段階になって，木材市況の悪化を理由に一方的に契約から撤退するといういわば契約締結上の過失の典型的な事例について，不法行為の成立に必要な違法性要件を満たすとして，相手方の出費に対する賠償を命じるものであり，一当事者の抜け駆け的な事案にも不法行為の成立を肯定した事例とみることができる[6]」という見解に代表されるように，学会は概ね肯定的に受け止めている。

3．損害賠償の範囲について

　本件について裁判所が，契約・協定締結に関して負担した費用および弁護士費用の賠償をYに命じた。裁判所は，「契約締結に要した費用は各自の負担とする意図であったことがうかがわれるが，右の意図は契約が成立した場合のことであって，契約が不成立に終わった場合については同様に取り扱うわけにはいかない」とした上で，「諸費用は［X］が本件契約および本件協定締結の準備，交渉のために出捐したものであることが明らかであって，右契約等の成立を期待して支出したものであるのみならず，右交通費，宿泊費，通信費等の費用は取引上通常必要とされるものであり，これらの支出はいずれも［Y］の前記義務違反と相当因果関係にある損害にあたるものというべきである」と判示した。

REMARKS

　本判決は，契約準備段階で信義則上当事者が負う義務を「期待を侵害しないよう誠実に契約の成立に努めるべき信義則上の義務」（誠実交渉義務）と認定した点に実務上の意義が認められる[7]。

　国際的な大規模のプロジェクトにおいては，時間・費用・労力をかけて，その実現可能性について慎重な検討がなされるのが通常であり，その間に交渉の相手方の信頼性や対象となるプロジェクトの採算性が変化する可能性は少なくない。

6　半田吉信・判例評論346号（判例時報1250号）48〜53頁（1987年）。
7　本田晃「合弁契約の不成立―不法行為責任肯定」『判例Check　契約締結上の過失　第2版』372頁（新日本法規出版，2004年）。

本CASEについては，YがX側の交渉に伴う種々の危険や問題についての十分な説明をすることを怠ったためにXに不測の損害を与えたことから，X側に生じ得る損害を回避させるYの義務（警告義務）違反を問題にする方がより本件の事案にふさわしい解決方法であったとみることも可能である。

　契約締結上の過失を理由とする責任を追及されるリスクを防止するには，誠実に交渉に臨む姿勢に加えて，①予備的合意書（CHAPTER 2参照）に正式合意が成立するまでは法的義務を負担しない旨を明記することや，②対価（オプション・マネー）を支払い，承諾のための時間的猶予を確保する等の工夫が必要であろう。

【参考文献】

加藤新太郎『判例Check　契約締結上の過失［改訂版］』（新日本法規出版，2012年）

CHAPTER 2　予備的合意書の法的効力

[MOUによるライセンス条件確認事件]

FOCUS

　「国際物品売買契約に関する国際連合条約，United Nations Convention on Contracts for the International Sale of Goods」（通称はウィーン売買条約。以下「CISG」という）は，国際間の物品売買契約を規律する統一的な基準を採択することにより，国際取引の発展を促進することを目的として，国連国際商取引法委員会（UNCITRAL）により起草され，1988年1月1日に発効した。わが国についても2009年8月1日から発効し，2020年12月現在この条約の締約国は94カ国となっている。同条約の第11条は，契約方式の自由原則について，「売買契約は，書面によって締結し，又は証明することを要しないものとし，方式について他のいかなる要件にも服さない。売買契約は，あらゆる方法（証人を含む）によって証明することができる」と規定している[1]。

　Memorandum of Understanding（MOU）やLetter of Intent（LOI）は，予備的合意書（pre-contractual document）と称される確認書で，契約書のような体裁を有しているが，正式契約が締結される前に（交渉の途上で），当事者間の決意をその時点における意図を確認するものである。しかし，その作成の様式や当事者の意図によっては，それらは契約書として法的効力が認められる場合もある。CISG第11条によれば，契約の方式は自由であることもあり，MOUを取り交わす場合は，それが法的効力を有する書面であるのか否か，明確にしておく必要がある。

1　上述の通りCISGは「物品売買契約」に関する条約であり，ライセンス契約に直接適用されるものではない。しかし，CISG第11条など国際契約法の一般理論に関する条項は，物品売買契約以外の国際商事契約についても影響を与えている。

KEYWORDS
予備的合意書，ウィーン売買条約，契約方式の自由原則，法の適用に関する通則
法

CASE[2]

アイスランド国法人Ｘは，コンピューターでファックスへの送信およびファックスからの受信を容易に行うためのプログラム（以下「本件ソフト」という）を開発し，その製品を販売していた。Ｘと日本法人Ｙは，1995年１月に本件ソフトについてライセンス契約を締結した上，ＸにおいてＹの協力を得て本件ソフトの日本語版を開発し，同年７月頃からＹを通じて日本国内でその製品の販売を開始した。Ｙは，本件ソフトの日本国内での販売に成功するためには，そのソースコードの開示を受ける必要があると考えたことから，Ｘにその開示を求めるなど，両社間で折衝が行われていた。

Ｘは，本件ソフトのソースコードは，その開発に８年間の期間と多額の費用をかけた同社の重要な資産であることから，そのソースコードの開示には慎重であったが，開示の条件等につき契約ができれば，Ｙの要請に応えることができるとの姿勢を示していた。

1995年にＸの代表者Ａは，Ｙの取締役Ｂらと本件ソフトのソースコードの開示の条件等をめぐって交渉をしたものの，Ａが離日する前日になっても，交渉がまとまらなかった。ＡおよびＢは，Ａの出発を翌早朝に控えた日の夜に，Ａが宿泊していた東京のホテルの近くで会食し，その後同ホテルに赴いて本件ソフトのソースコードの開示に関して交渉をしたところ，２，３時間後に基本的事項について了解に達するに至った。そこで，Ａがホテルのフロント備付けの用紙にペンで当事者間で合意された事項を手書きし，これに会議出席者全員が署名した（以下「本件メモ」という）。

本件メモはメモランダム・オブ・アンダスタンディング（MOU）と題され，①対価は50万ドル，②支払は銀行（信用状）によって保証されるべきこと，③小売価格の８％のロイヤルティの支払義務，④ソースコードの引渡し時期，および⑤ライセンスの対象地域が記載された。その後，1996年１月まで，正式なライセンス契約書の修正案や修正意見等を交換するなどして，電話やファックスにより契約条項の内容を

---

2 平成12年４月19日東京高裁判決（判例時報1745号96頁）。

確定するための交渉が継続された。Ⅹは早期に契約書の成案を得ることを望んだものの，Ｙの対応は概して芳しくなく次第に消極的になって，結局，正式な契約書の成案を得るに至らないまま，交渉は終了した。

　Ⅹは，本件メモによる合意によって契約が成立したと主張したが，Ｙは，本件メモは契約交渉の中間段階で作成された書面にすぎず，これによって契約が成立したということはできないと主張し，ロイヤルティの支払等の債務履行を拒絶したため，ⅩはＹを相手取って債務不履行に基づく損害賠償請求訴訟を提起した。

1．契約の成立は契約の準拠法に従って判断する

　国際契約の締結は一種の法律行為であるが，その法律行為についてどの国（または地域）の法律が適用されるべきであるのかが「準拠法」（Governing Law）の決定の問題である。準拠法を決定するルールを国際私法（Private International Law）または抵触法（Conflict of Laws）というが，これらの規範は国内法として各国に固有の法が存在する。本件判決は，準拠法を論ずることなく日本法を当然のように適用しているが，まず準拠法の決定について検討すべきであった。

　本CASEは，日本の裁判所に提訴されたので，わが国の国際私法である法の適用に関する通則法（以下「通則法」という）が適用される。通則法第７条は，私的自治原則に基づき，準拠法は当事者間で明示的な合意があれば，その指定された準拠法が適用されると規定している。一方，当事者間で準拠法に関する明示的な合意がない場合は，通則法第８条による。同条は，契約に関する最密接関係地の法律を選択する旨を規定している（同条第１項）が，最密接関係地が明確でない場合は，特徴的給付をなす当事者の常居地の法律を適用すると規定している。特徴的給付とは金銭債務との比較において，特徴的な負担（例えば物品を納入する債務やライセンスを許諾する債務など）を意味する。

　本CASEでは，交渉が日本で行われたこと，問題となった手書きのメモランダム・オブ・アンダスタンディングも日本で作成されたことなどから，その合意文書の最密接関係地は東京であるという解釈も成り立つ。しかし，後にⅩがＹに送付した契約書案において，その準拠法はアイスランド法と規定されてい

たこと，さらに本CASEの発生前に同じ当事者間で締結されたライセンス契約書の準拠法もアイスランド法であった事実を考慮すると，裁判所の判断と異なる結論に至る可能性がある。なお，通則法第8条第2項を適用した場合も同様である。

　国際ビジネスの実務では，国際契約を規律する準拠法としては英米法（特にイングランド法やニューヨーク州法），ドイツ法，スイス債務法などが比較的多く選択されている。特に金融取引，海上運送，海上保険に関する契約についてはイングランド法は広く活用されている。売買取引契約についてもイングランド法（物品売買法）やアメリカ統一商法典を基礎とするニューヨーク州法などが多用されている。しかし，CISGは，その適用を排除したり，一部を修正して適用したりすることが可能（CISG第6条）であるので，当事者がCISGを準拠法として選択する場合はそれを明示的に表示することが望ましい。また，CISGは，売買契約に関するすべての事項を包括的に定めた条約ではないので，例えば「CISGを含む日本法を本契約の準拠法とする」といった取り決めが必要とされる。このような条項によって，その契約はまずCISGに準拠して解釈されるが，もしCISGに該当する規定がない場合は，指定された国内法（この条文の例では日本法）が契約準拠法となる。

2．メモランダム・オブ・アンダスタンディング（memorandum of understanding）の法的効力

　予備的合意書もしくは契約予備書面などと称され，そのタイトルとしてはMemorandum of UnderstandingのほかにもLetter of Intent, Heads of Agreementなどと題され，複雑かつ大型の契約の契約交渉で，重要事項について契約相手方と基本の合意に達したときに作成されることのある書面[3]である。予備的合意書は，法的拘束力を有しない単なる当事者の確認文書としてだけではなく，契約書としての効力を予定した書面にも用いられているのであり，個々の状況に応じて判断すべきものとされている[4]。

3　柏木昇「メモランダム・オブ・アンダースタンディングと契約の成立」ジュリスト1238号132頁。
4　判例時報1745号97頁。

　本CASEについて裁判所は，「本件メモは，A及びBらが2，3時間の交渉で了解に達した事項をAにおいてホテルのフロント備付けの用紙にペンで記載したもので，その内容も基本的な事項について文章体でなく箇条的に記載するにとどまるものであり，そして，その後，XからYに（中略）詳細な条項を含む契約書案が送付され，これについて交渉が重ねられ，修正案や修正意見等が何度かやり取りされたものの，結局契約書の調印に至らなかった」ことや，「ソフトフェアのソースコードに関するライセンス契約は，通常，右契約書案に見られるような詳細な条項を含む契約書を交わすことにより締結されるものであることが認められる」ことから，「本件メモは，両社間において以後本件ソフトのソースコードに関するライセンス契約の締結を目指して協議を進めるために，その基礎となるべき基本的な事項について了解に達した事項をメモ書きにしたものに過ぎず，以後この基本的了解事項をベースとして協議をした上で必要な条項を盛り込んだ契約書の成案を得るとの予定の下に作成署名されたものと認めるのが相当であって，A及びBらにおいて，法的拘束力を有するものとしての契約を締結するとの意思をもって作成し，署名したものと認めることはできない」と判断しXの請求を退けた。

REMARKS

　本CASEの第一審[5]は，「本件メモがコンピュータソフトのソースコードの開示に関する契約について作成された書面としては簡略なものであり，本件メモ作成後に詳細な正式の契約書を作成することが予定されていたことが認められる」としながら，「一般に契約は当事者の意思の合致があれば成立するもので，その合致について特別の様式を必要とするものでない」とした上で，「本件メモ作成の経緯，状況，作成後の交渉の状況，双方の認識に照らせば，本件メモの作成により，詳細な事項に関する正式の契約書が作成されていなくても，契約の重要な点について双方の意思の合致をみたというべきであり，契約は成立した」と認めている。このように予備的合意書の効力をめぐる法的解釈は一様ではない。

5　平成11年1月29日東京地方裁判所判決（判例集非掲載）。

　したがって，もし当事者が予備的合意書について法的拘束力を与えることを望まないのであればその旨を明記し，同文書の法的位置づけを明確にしておくことが，事後の紛争を防ぐために有益である。

　実務上は，予備的合意書について法的拘束力を与えないのであれば，「当事者間で正式な契約が締結されるまでは，当該予備的合意書に基づき当事者は相互に何らの法的責任も負担しない」といった趣旨の責任排除条項を規定することが一般的である。

【参考文献】

牧野和夫『秘密保持契約・予備的合意書・覚書の法務と書式』（中央経済社，2021年）

CHAPTER 3　口頭証拠排除原則と完全合意条項

［国際ライセンス契約の最恵待遇違反事件］

FOCUS

　契約書には，当事者による交渉の過程を経て，当事者が合意した項目が規定される。しかし，契約書に規定される条項は限られた字数の言葉で表現されることから，複雑で錯綜した当事者の合意内容をもれなく完全に表現することは至難の業である。また，言葉は時として曖昧であったり，多義的であったりするので，その解釈をめぐり当事者間に争いが生じることもしばしばである。

　大陸法の伝統を承継する諸国では，契約を当事者の意思に従って解釈することになり，契約交渉の経緯や正式契約締結前に取り交わされた書類や通信の内容なども参照される。他方，コモンローの法体系を採用する諸国においては，*Parol Evidence Rule*（口頭証拠排除原則）の下で，書面によってある合意が成立したときに，その合意に先立つ合意で，成立した合意と矛盾したり否定したりするものは排除される。

　また実務上は，契約書には通常「完全合意条項」が規定され，正式に締結された契約書に記載された内容は当事者間の合意のすべてであり，正式契約締結前に当事者間でなされた書面，口頭または黙示的になされたあらゆる合意はその効力を失うことが確認される。

KEYWORDS

口頭証拠排除原則，完全合意条項，修正制限条項，最恵待遇条項，誠実交渉義務，契約の解釈

CASE[1]

　日本の大手電機メーカーのＸは，台湾に支店があり，電子機器の製造および販売等を目的とする会社であるＹに対して，液晶パネルおよび液晶モジュールを世界中で製造し，これを世界中で使用，展示，販売または処分する非独占，譲渡不可の実施権を許諾する旨のライセンス契約（以下「本件ライセンス契約」という）を締結した。Ｙの主張によれば，Ｘは，本件契約を締結するに当たり，Ｙに対し，台湾におけるＹの競業他社と同一の条件で契約を結ぶことを確約したという。また，本件契約締結後，Ｘにおける知的財産権の責任者は，被告に対し，Ｘが他のライセンシーとＹよりも有利な条件でライセンス契約を締結した場合には，必ずその旨被告に告げ，被告とのライセンス契約を修正する旨約束し，上記確約内容を再確認したとＹは主張した。

　他方，Ｘの主張によれば，本件契約書には，Ｙが主張する最恵待遇条項は規定されていない。そして，本件契約は，ともに大企業であるＸとＹとの間で，経験豊富な各当事者の知的財産法務部が深く関与し，綿密な交渉過程を経て締結され，各当事者を代表する正当な権限のある役員によって正当に署名されたものであり，本件契約には，「本契約は，本契約の対象となる事項について，各当事者の完全な理解と合意を構成しており，明示又は黙示，口頭又は書面による全ての従前の合意に優先する」（以下「完全合意条項」という）旨規定されている。さらに，本件契約には，「書面によって，かつ，各当事者を代表する正当な権限のある役員によって正当に署名された場合を除き，いかなる修正も変更も有効ではなく，各当事者を拘束しない」（以下「修正制限条項」という）と規定されている。

　Ｙは，上記の主張をもとに，本件ライセンス契約に基づく実施料の一部を，Ｘに対して支払わなかったため，ＸがＹを相手取って，当該不払い額とそれに付帯する金利の支払を求めて提訴した。これに対し，Ｙは，ＸがＹに対して約束したライセンス契約条件の最恵待遇義務に違反した旨を主張して争った。

　裁判所は，本件ライセンス契約に修正制限条項や完全合意条項が規定されている場合，ライセンサーであるＸからライセンシーであるＹに対して本件ライセンス契約締結前に送付された書簡において，本件契約の条件は他メーカーと

1　平成18年12月25日東京地方裁判所判決（判例時報1964号106頁）。

Xとの間の契約の条件と完全に同一である旨が記載され，また，契約締結後に
XからYに送付された書簡においても，「最初のライセンシーを後のライセン
シーよりも不利益に扱わない」ことがXのライセンス政策である旨が記載され
ていたとしても，本件ライセンス契約について最恵待遇条項が合意されたとは
認められず，そのように解することが信義則に反することもないと判断した。
以下に，コモンローにおける口頭証拠排除原則（*Parol Evidence Rule*），完全
合意条項，そして修正制限条項について解説する。

1．コモンローにおける口頭証拠排除原則

　Parol Evidence Rule（口頭証拠排除原則）とは，正式文書以外の証拠排除
原則。例えば契約書について，書面化された合意内容と異なることを，他の口
頭証拠または文書証拠を用いて証明することを許さないとするコモンローの準
則である。「アメリカ統一商法典」（Uniform Commercial Code：UCC）[2]の§2
-202に口頭証拠排除原則が規定されている。

　ここで，parolとは「口頭の」という意味であるが，最終合意書に先立って，
メールやメモなどが残されている場合であっても，やはり排除の対象になる。
つまり最終合意書（正式契約書）以外の証拠が排除される点に注意を要する。
このような原則が認められる背景には，契約交渉過程では様々な合意がなされ，
それらが一部排除されたり，修正されたりして最終合意にいたるのが通常の契
約交渉であるが，当事者が最終的に合意された内容について，正式契約の形で
確定しようとする当事者の自由な意思を保護するためであると解される。つま
り，契約交渉を「線」，そしてその終着点を「点」にたとえるならば，完全合
意条項（Sample Contract Clause, p.18参照）は契約の解釈をこの「点」によっ
てのみ行い，それに至る無数の点の連続で構成される「線」は切り取ってしま
うものである。もし，この最終的な「点」のみならず，そこに至る「線」も契
約の一部を構成するとなると，契約の解釈は非常に複雑になる。

2　アメリカでは，特許・関税・独禁法等の公法の一部，行政法や私法の一部では連邦法が
　　制定されているが，民商法については州法が規定している。統一商法典は，各州が異な
　　る法律を持っているため，商取引法について統一する目的で作成された。

2. 完全合意条項

　完全合意条項または完結条項（merger clause, entire agreement clauseなど
と称される）とは，当事者の合意はすべて契約書中に表示されており，当事者
間にはそれ以外の合意はないと明示する契約条項である。前記の*Parol
Evidence Rule*が機能するコモンローがその契約の準拠法であれば，完全合意
条項や修正制限条項は上記の法原則を当事者間で採用した明確な意思表示であ
ると判断できる。裁判手続き上も，契約書に書かれたことと，異なる主張や，
規定された内容を修正するような証拠を提出することは認められない。

　しかし，*Parol Evidence Rule*は日本法の下では存在しない。それでは，日
本法を準拠法とする契約書について日本の裁判所はどのような判断を下すであ
ろうか。本CASEにおいて東京地裁は，契約書に書かれていない条件を，契約
締結に先立って行われた話し合いや当事者間の通信から証明することは認めら
れないと判断し，その判断の前提となる事実として当事者間の契約書に完全合
意条項および修正制限条項が規定されていると述べている。つまりこれらの条
項によって，当事者が契約書に記載されていないことについて合意は存在しな
いという明確な意思が確認され，またもし契約条件を修正する場合は，書面に
よってのみ修正が可能であることに同意したからであるとしている。

　なお，完全合意条項が契約書中に規定されている場合，当事者間で契約の条
項を追加，変更，補充および否認することが認められない点は，前記の通りで
あるが，完全合意条項は契約の規定について，さまざまな状況における当事者
の意図を合理的に解釈することを禁じているものではない[3]。

3. 修正制限条項

　完全合意条項は，一般に修正制限条項とともに，当事者間の合意内容を確定
させる目的で活用される。つまり，作成された最終合意書面（正式契約書）に
完全合意条項が規定されているとしても，その契約書に署名する際に，または
契約締結後に，当事者間の口頭での合意によって最終合意の内容は修正もしく
は変更されていると一方の当事者が主張する可能性を封じるための規定が修正

3　平成22年12月8日東京地方裁判所判決（判例時報2116号68頁）参照。

制限条項である。この規定に準拠した方式によって合意された場合に限り，最終合意の内容を修正もしくは変更することが可能となる。

Sample Contract Clause

[MERGER AND MODIFICATION]

1. This Agreement sets forth the entire understanding and agreement between the parties as to the matters covered herein, and supersedes and replaces any prior undertaking, statement of intent or memorandum of understanding, in each case, written or oral.

2. This Agreement may not be amended or modified except by an instrument in writing signed by each of the parties and expressly referring to this Agreement.

[完全合意および修正]

1．本契約は，本契約で取り扱われた事項に関する当事者間のすべての了解と合意を規定するものであり，書面であろうと口頭であろうと，従前の一切の了解，意図の表明，覚書に優先し，それらに取って代わるものである。

2．本契約は，各当事者によって署名され本契約に明確に言及する証書による場合を除き，修正または変更することができない。

REMARKS

　コモンローを準拠法とする契約の下では，そこに規定された完全合意条項によって過去の交渉経緯や当事者間の通信を書面化された当事者間の合意を修正・変更するための証拠として活用することは厳格に認められない。また，日本法をはじめとするシビルロー系の法システムにおいても，正式契約書に完全合意条項が規定されている場合は，正式契約締結前の当事者間の合意等をもって，最終契約書に規定された条項を追加，変更，補充および否認することは認められないが，それを懸案となる規定の合理的解釈のために活用することは認められる可能性が高い。

契約交渉の過程においては，契約当事者双方から様々な提案がなされ，それらが取捨選択される形で最終合意に至る。最終合意書は，当事者の権利義務関係を確定し，それぞれの責任範囲を画定することによって，予測可能性を高める機能を有する。さらに最終的に合意された内容について，修正制限条項によって，合意された手続によらない修正や変更を規制することは，当事者間の権利義務関係の安定性の確保に貢献している。

【参考文献】

拙著『リーガルイングリッシュ』（中央経済社，2021年）

CHAPTER 4　書式の闘いと基本合意書

［紛争解決条項をめぐる書式の闘い］

FOCUS

　アメリカ契約法の下では，契約は，申込と承諾，そして約因（consideration）によって成立する。約因とは，取引上の対価であり，コモンローの下で契約を構成する約束に拘束力を与える要素の1つである。契約（Contract）とは「当事者間の合意から派生する契約法および他の適用されるべき一切の法規範によって法的意味を付与された権利義務の総体」とされ，契約が効力を有するためには約因が必要とされる。

　ところで，国際売買取引について，各社はそれぞれに標準化された約款（注文書や注文請書等）を有していることから，そこに記載された条件は売主側の約款と買主側の約款の下で大きく異なっている。実務において各当事者は，上記書類の表面の頁に記載される商品の仕様や価格，支払条件，受渡条件などを中心に交渉を行い，その裏面の記載についてはほとんど議論せずに契約を成立させることがある。しかし，後に裏面に記載された約款について問題が生じた場合に，いずれの当事者の約款が優先するのかが当事者間で争われる。これを書式の闘い（battle of forms）と称する。多くの場合において問題となるのは，増加コストの負担に関する条項，品質保証条項，不可抗力条項，紛争解決条項や契約準拠法条項である。

KEYWORDS

約因（consideration），裏面約款，書式の闘い，Last Shot Theory，
Knockout Theory

CASE[1]

　X（在アメリカ日系商社）はY（アメリカ企業）からスチールコイルを購入し，これを第三者に販売したが，製品納入後に当該転売先から品質クレームを受けた。ところで，XはYに対してXの標準書式（以下「X注文書」という）で買注文を行ったが，Yから受領した承諾書はYの標準書式（以下「Y承諾書」という）によるものであった。Y承諾書には，売主の承諾は，裏面に掲げる一般条件（General Terms and Conditions）に買主が同意することが条件であると規定されていて，もし買主がこれに同意しない場合は，買主は直ちに売主に通知しなければならないと定められていた。さらに，Y承諾書には仲裁条項が規定されていたが，X注文書には仲裁条項は定められていなかった。

　Xは，Yから購入した製品の品質の瑕疵に関する損害賠償を求め，裁判所に訴訟を提起したが，Yは両者間の契約（Y承諾書）には仲裁条項が存在すると主張して訴訟の却下を求めた。これに対して，XはYと合意した内容（X注文書）に仲裁条項は含まれていないと反論した。

1．書式の闘い（battle of forms）

　契約の両当事者が互いに自己に有利な条件で契約を締結することを望むために，当事者が相互にそれぞれの標準契約条件（約款）を使用することを主張して，いずれの約款に基づくかについて合意できない状況を「書式の闘い」という。国際取引で一般に使われる発注書（offer sheet），注文請書（acceptance sheet），契約書（contract）などには，商品（品質・数量を含む）・価格条件・支払条件・船積条件などの主要取引条件を記載した表面記載条項と，その他一般取引条件（General Terms and Conditions）を規定した裏面約款とで構成されている。

　一般的には，当事者のいずれか一方が上記のフォームを使用して契約書2通を作成し，自ら署名したものを相手方に送付してその署名を求めることになる。このような場合において，表面記載条項は当事者間で明示的に合意された内容であるが，裏面約款の内容については当事者の利害が激しく対立し，合意に至

1　C. Ito & Co.（America）v. The Jordan International Co., 552 F. 2d 1228（7th Cir. 1977）.

らない状態で放置される場合が多い。このような場合に当事者は，取引を中止することも理論上は可能であるが，お互いの実益（取引の実現）を重視して，いずれの裏面約款が優先すべきか協議することなく，例えば船積みの実行や信用状の開設などの取引に着手する場合もある。申込と承諾の意思表示によって契約は成立することが原則であるが，当事者の行為（契約の履行）によっても契約は成立したとみなされ得る（CISG第18条第1項・第3項参照）。

　その後，もし製品の品質や代金支払をめぐって紛争が生じた場合に，当事者のいずれの当事者の契約書式によって当事者間の契約が成立しているのかが問題となる。

　例えば，本CASEにおいて，売主約款の契約書式では裏面約款には「準拠法はニューヨーク州法とし，すべての紛争は国際商業会議所（ICC）の定める商事仲裁規則に基づく仲裁手続により解決する」と規定されており，逆に買主（日本企業）の約款には「準拠法は日本法とし，すべての紛争について東京地方裁判所が排他的管轄権を有する」と規定してある場合は，どちらの条項が有効になるであろうか。この点について2つの基本原則が対立している。1つはKnockout Theoryであり，両当事者が共通して合意した条件のみが当事者を拘束し，その他の約款に記載された条件は無効であるとする考え方である。この原則によれば，上記の例で，表面記載条項のみが当事者を拘束し，それ以外の記載（裏面約款）は無効となる。もう1つの考え方はLast Shot Theoryであり，最後に呈示された約款について当事者は合意したとみなす考え方である。例えば上記の例で，売主はその約款を買主に送付したが，買主はそれに署名・返送せず，逆に買主の約款を売主に送付したとする。その後，売主は特段の異議をとなえることなく船積みをした場合は，買主の約款が当事者を拘束するという考え方である。

　実務的にこの問題に対処するためには，売主・買主双方が話し合って，いずれの当事者の約款に記載された条件を採用するのか，予め当事者の意思を明確にしておくことが望ましい。継続的な取引関係にある場合は，取引基本契約書を締結して，当事者間の取引に共通して適用される条件を予め合意しておくことによって書式の闘いを回避することが可能となる。

2．UCC § 2-207

　アメリカ統一商法典（UCC）の§ 2-207は，契約当事者の行動から契約の存在が認定される場合には，当事者が明確に合意している条項，およびUCCの条項によって補充される条件にのみ当事者は拘束されると規定している。これは，前述のいわゆるKnockout Theoryを採用した規定である。また，ユニドロワ国際商事契約原則の第2.1.22条も同趣旨を定めている。ちなみにユニドロワ（私法統一国際協会，International Institute for the Unification of Private Law：UNIDROIT）は，1926年に国際連盟の下部機関として創設され，1940年には独立した国家間組織となった。同協会は，私法とりわけ商取引法の現代化および調和を目的としている。ユニドロワ国際商事契約原則は，主要30カ国以上の国際取引法の専門家による作業部会が条文とそれらに関するコメントをまとめた，国際商事契約のモデル法である。

3．ウィーン売買条約（CISG）の関連規定

　CISGにおいて書式の闘いに関する明示的な規定は存在しないが，その起草段階において，Last Shot Theoryを採択していない事実は記録に残されている。CISG第 8 条第 3 項は，「（3） 当事者の意図又は合理的な者が有したであろう理解を決定するに当たっては，関連するすべての状況（交渉，当事者間で確立した慣行，慣習及び当事者の事後の行為を含む）に妥当な考慮を払う」と規定しており，個々の状況を考慮して，当事者の意図や合理的な者が有していたであろう理解を解釈することになる。また，CISG第 9 条第 1 項は，「当事者は，合意した慣習及び当事者間で確立した慣行に拘束される」と規定している。

REMARKS

　国際ビジネスの中でも，国境を越えた当事者間で物品を売買する輸出入取引は，もっとも基本的な取引類型である。輸出入取引を行うに当たっての当事者間で合意された条件を証する書類が国際売買契約書である。物品売買契約の成立について特定の要式は求められない（CISG第11条参照）ので，例えば異なる企業の担当者間で電話を通じて売買合意がなされれば契約は成立する可能性がある。ただし，国際ビジネスの実務においては契約書を作成して，契約条件を書面で確認することが基本であり，そうした契約の書面化の要請は各社の契約書取扱規程などで（社内ルールとして）義務づけられていることが多い。慎重な担当者であれば口頭またはメールで取引条件を確認する場合であっても「契約締結を条件として（subject to contract）」である旨を明示するであろう。

　書式の闘いは，取引当事者がそれぞれ個別に策定する定型書式を利用することによって生じる法律問題である。国際ビジネスの担当者は，各社の所定書式の表面の頁に記載される商品の仕様や価格，支払条件，引渡し条件などに最大の関心をはらうが，その裏面の記載された約款にはほとんど注意を払わないリスクがある。継続する取引関係にあるのであれば，将来の法的紛争に備え，取引基本契約書を締結することが望ましい。

【参考文献】

樋口範雄『アメリカ契約法　第2版［アメリカ法ベーシックス］』（弘文堂，2008年）
私法統一国際協会著，内田貴＝曽野裕夫＝森下哲朗＝大久保紀彦翻訳『UNIDROIT
　国際商事契約原則2016』（商事法務，2020年）

CHAPTER 5　買主の代金支払義務

［買主による信用状開設拒否事件］

FOCUS

　CISGの基礎には「契約尊重（*favor contractus*）」原則がある。これは，ある契約の終了原因が発生した場合に，契約関係の解消・清算という方向へ向かうのではなく，当初予定していた契約関係ないし契約利益を可能な限り維持し，それを確保する方向で処理すべきとする思想であり，近時の国際契約法に広く浸透している。例えば，契約の解除に関しては，可能な限り本来的な履行請求権（催告）を義務づけて契約関係を維持し，解除権の発生には「重大な不履行（重大な契約違反）」という要件が課され，また，いわゆる事情変更やハードシップ（履行困難）が生じた場合の再交渉義務や契約改定権の承認，不完全な履行に対する債権者による追完請求権や債務者の追完権（治癒権）の付与等なども，こうした契約尊重原則に由来する。

　CISG第25条は，「当事者の一方が行った契約違反は，相手方がその契約に基づいて期待することができたものを実質的に奪うような不利益（detriment）を当該相手方に生じさせる場合には，重大なもの（fundamental breach）とする」と規定し，例えば売主の義務の不履行が重大な契約違反となる場合は，買主に契約解除権が生じる（同第49条第1項（a））。しかし，他方で「契約違反を行った当事者がそのような結果を予見せず，かつ同様の状況の下において当該当事者と同種の合理的な者がそのような結果を予見しなかったであろう場合は，この限りでない」（同第25条後段）と規定し，当事者による契約解除権を一定の限度において制約している。

KEYWORDS
契約尊重原則，重大な契約違反，契約解除権，信用状開設義務，損害賠償請求権

CASE[1]

原告X（オーストラリア法人）は，1996年5月に被告Y（マレーシア法人。鉄鋼業者）に対して，30,000トンのくず鉄を「CNF FO into Asian ports」条件として1トン当たり164米ドルで売却する契約を締結した。なお，本契約にはブリスベンで適用される法を準拠法とする条項がある。

当事者間の商品代金決済は，信用状によりXがオーストラリアの港から，マレーシアのクママンまで運送を手配する条件で，当初は同年6月8日までに信用状を開設し7月に船積みを行うこととされていたが，その後買主が8月1日までに信用状を開設し，8月中に売主が船積みを行うという条件に変更された。

7月31日にXは輸送船を準備し，Yに対して船名を通知したが，その間にYは経営体制を変更しており，従来の担当者は更迭されていた。そこで，Xは新しい担当者に信用状の開設を依頼したが，上記経営体制の変更に伴い新設された執行委員会の承認が必要であることを理由に，期限までに信用状を開設しなかった。しかし，この時点で鉄の国際販売価格は1トン当たり20.50ドル下落していたため，Xは8月8日に買主の履行拒絶を理由に本件契約を解除した。

その後，Xは，Yとの契約のために準備した輸送船とは別の輸送船を，ほぼ同じ条件で準備して，マレーシアのP社に約2,5000トンを，1トン当たり143.50米ドルで，そしてオーストラリアのB社に約5,000トンを1トン当たり156.75豪ドルAUD（当時のレートで約124.10米ドル）でそれぞれ売却した。

裁判においては，Xの契約解除権の有無やXによる契約解除が適法であった場合にXが有する損害賠償請求権の範囲などについて争われた。

注1：「CNF FO into Asian Ports」条件とは，インコタームズにおけるCFRを意味する。ここに「FO」とは，海上運送における揚げ積み費用の分担条件の1つで，荷主が揚げ荷費用を負担することを意味する。

注2：買主の代金支払義務はCISG第53条に規定され，これに関連する規定が第54条から第59条に規定されている。具体的な内容は，当事者の合意があれば合意により定まり（第6条），

1　オーストラリア・クイーンズランド州最高裁判所2000年11月17日判決。
　　（CLOUT631, CISG-online 587,859）Downs Investments v. Perwaja Steel.

合意がなければ合意した慣習・当事者間で確立した慣行で定まる（第9条）。
注3：代金支払条件は，契約の中のもっとも重要な要素の1つであるため，契約上，明確に
　　定められている。例えば，①支払通貨，②金額（商品の価格に加え，運送費，保険料，関
　　税等の諸費用の負担についても決められる），③支払場所（明示または黙示の合意による。
　　なお，第57条第1項（b）号の書類交付義務にいう「書類」とは，船荷証券や船積書類で
　　ある），④支払時期である。
注4：海上運賃に含まれる船内荷役費は下記表を参照のこと。

表　荷役費用の負担区分

船内荷役費の条件	船積作業の費用	陸揚げ作業の費用
バースターム（Berth Term）	○	○
FI（Free In）	×	○
FO（Free Out）	○	×
FIO（Free In Out）	×	×

＊表中の○は海上運賃に含まれていることを示し，×は海上運賃に含まれていないこ
　とを示す。

　CISGの下で買主の基本的義務は，契約の目的物の引渡しを受領すること
（CISG第60条）および商品代金を支払うこと（同第54条）であるが，後者には
「支払を可能とするため，契約又は法令に従って必要とされる措置をとるとと
もに手続を遵守することを含む」（同条）と規定されている。買主が代金支払
義務または引渡し受領義務以外の義務に違反した場合，売主が付加期間を設定
しても，その期間が経過しただけでは売主の契約解除権は発生しない。
　契約解除権が発生するのは，重大な契約違反に至った場合に限定される
（CISG第64条第1項）。このような場合には，売主が定めた合理的な付加期間
内に，買主による物品の受領を求め，その付加期間内に商品を受領履行しない
場合，または買主が商品を受領しない旨の意思表示をした場合に，買主は契約
解除権を行使することが可能になる。

1．商品代金の国際決済手段

　国際ビジネス（特に貿易取引）における代金決済として，銀行が代金の取立
てに介在するL/C（信用状）やD/P（手形支払時船積書類渡し），D/A（手形
引受時船積書類渡し）といった決済方法がある。特にL/C決済は安全で確実な

方法であるが，銀行間の保証が介在するため，当事者は銀行から与信を提供されている必要がある。その他，銀行の電信送金（T/T送金）・小切手送金・郵便送金を活用したり，国際郵便為替で送金決済をしたりする方法も考えられる。本CASEでは，信用状による代金決済が当事者間で合意された。信用状決済の基本的な仕組みは図表5-1記載の通りである。

図表5-1 信用状決済の仕組み

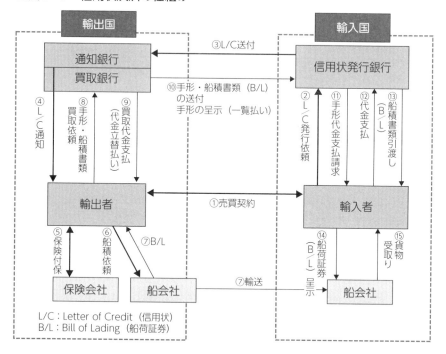

L/C：Letter of Credit（信用状）
B/L：Bill of Lading（船荷証券）

【解説】
① 当事者間で売買契約書が締結されることが出発点である。当該契約書には代金決済は信用状による旨が明記される必要がある。また輸出者として決済を確実なものとするために「輸入者はfirst class international bankに信用状を開設依頼しなければならない」と規定することが多い。さらにconfirmation（信用状発行銀行が倒産した場合の買取銀行による保証）の必要性なども検討が必要。
② 信用状の発行依頼（買主側）：売買契約を締結すると，輸入者（買主）は取引銀行に対して信用状の発行を依頼しなければならない。
③ 信用状の発行（銀行）：輸入者（買主）から信用状の発行依頼を受けた取引銀行は，輸出者（売主）の取引銀行宛に信用状を送付する。

④　信用状の通知（銀行）：輸出者（売主）の取引銀行が，輸出者（売主）に対して信用状の到着を通知し信用状を交付する。これにより，仮に輸入者（買主）が支払を行わない場合には，信用状を発行した輸入者（買主）の取引銀行に対して代金を請求することが可能になる。

⑤　海上保険を手配する。FOB条件などの場合は，売主は保険の手配は不要であるが，CIF条件の場合などは，買主を受益者として保険を付保しなければならない。

⑥　商品の船積み（売主側）：信用状を入手した輸出者（売主）は，契約条件に従って商品を船積みする。

⑦　船荷証券の入手（売主側）：船会社は貨物と引換えに，輸出者（売主）に船荷証券を発行する。

⑧　荷為替手形の買取依頼（売主側）：輸出者（売主）が，信用状の原本・船積書類（船荷証券，インボイスなど）を添付した上で，取引銀行に荷為替手形（自己指図為替手形）の買取りを依頼する。

⑨　通知銀行は輸出者から為替手形を買い取る。これにより，輸出者（売主）は，商品代金の早期回収を図ることができる。

⑩　荷為替手形の送付（銀行）：荷為替手形の買取依頼に応じた輸出者（売主）の取引銀行は，信用状を発行した輸入者（買主）の取引銀行に対して，荷為替手形と船積書類等を送付する。輸入者（買主）の取引銀行は，荷為替手形等を受け取り，輸出者（売主）の取引銀行に代金を支払う。

⑪　輸入者（買主）の取引銀行は，輸入者（買主）に対して，荷為替手形の引受けを求める。

⑫　荷為替手形の引受けおよび船荷証券の受取り（買主側）：輸入者（買主）は，荷為替手形の引受け，代金を支払う。

⑬　輸入者は，船荷証券を受領する。

⑭　輸入者は，船会社に船荷証券を呈示する。

⑮　輸入者は，船会社より，船荷証券と引換えに商品を受け取る。

図表5-2　各種国際決済手段の比較

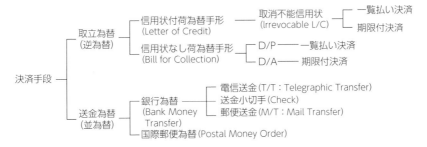

決済手段	英文呼称	長所	短所
送金決済	電信送金（T/T remittance）	銀行手数料が安価。	当事者のいずれかにリスクが生じる。→例えばスタンドバイL/C（下記注1）を要求することが必要。ただし，手数料が高くなる。
信用状決済	Letters of credit	当事者双方にとってリスクが低い。代金回収が確実（*L/C発行銀行の倒産リスクの回避→Confirmed Letters of CreditによりL/C買取銀行が信用を補完する）	・銀行手数料が高い。 ・銀行を経由するため手続きに時間を要する→航空輸送による取引には適さない。
荷為替手形1	D/P（documents against payment)方式 輸入者は銀行に代金を支払うことにより，船積書類を入手できる。 ・一覧払い（At Sight Bill）：銀行により呈示されたときに，輸入者が即時に代金を支払う。 ・期限付き手形（Usance Bill）の場合は輸入者が代金を支払った時点で船積書類が引き渡される。e.g. D/P 30 days after sightなど。	銀行手数料が比較的安い。	・銀行を経由するため手続きに時間を要する。 ・D/P決済は，銀行による保証がないのでリスクを伴う→貿易保険（輸出手形保険：下記注2）を付保するなどでリスクを回避する。 ・輸出者の取引銀行が輸入者側から代金を回収できなかった場合，その取引銀行は輸出者に対して買戻しを求める。

荷為替手形2	D/A（documents against acceptance）方式 ・輸入者が手形を引き受けることにより，船積書類を入手する。→ユーザンス手形（期限付手形）が使用される。 ・手形を引き受けた（Acceptance）時点で書類が引き渡される。	同上	・銀行を経由するため手続きに時間を要する。 ・代金回収のリスクは高い→貿易保険の活用。 ・輸出者の取引銀行が輸入者側から代金を回収できなかった場合，その取引銀行は輸出者に対して買戻しを求める。

注1：スタンドバイL/Cは，輸出者が懸念する輸出代金の不払い等のリスクを軽減するため，または輸入者が懸念する売買契約の履行リスクを軽減するために，それらの義務不履行の場合の違約金について，スタンドバイL/Cの発行銀行が自行の信用を背景に支払を担保する。スタンドバイL/Cの受益者は約定に従って，「輸入者による債務不履行が発生した」または「輸出者による契約不履行が発生した」などという簡略な通知をS/B発行銀行に通知することによって，予め決められた金額の支払を受けることができる。なお，スタンドバイL/Cは，国際商業会議所（ICC）が制定した「国際スタンドバイ規則（International Standby Practices：ISP98）」に準拠しており，連帯保証の付従性が切り離されている。したがって，「支払保証」や「履行保証」とは法的性格が異なる。スタンドバイL/Cは，ISP98のほか，L/Cと同様に，信用状統一規則（現行はUCP600）に準拠して発行することができるほか，「改訂請求払保証統一規則（Uniform Rules for Demand Guarantees：USDG758）が利用できる。また，スタンドバイL/Cは，上記目的のほか，入札保証，契約履行保証，前受金返還保証，発行依頼人の借入金保証などの目的のためにも使用される（ISP98参照）。

注2：輸出手形保険は，「輸出契約」において，輸出者が振り出した貨物を担保とする荷為替手形を本邦の銀行が買い取った場合に，買取銀行または輸出者の責めに帰さない事態により荷為替手形の満期において不払いとなったこと，または再割銀行から訴求を受けて支払ったことにより荷為替手形の買取銀行が被る損失をてん補する。

2．判決要旨

（1）CISGの適用と買主の義務

　裁判所は，当事者はブリスベンで適用される法を準拠法としているから，本件契約にCISGが適用されると判断した。そして，Yが適時に信用状を開設しなかったことは，第54条にいう「契約又は法令に従って必要とされる措置」を怠ったものとして代金の支払義務違反に当たる上，本CASEの下では重大な契約違反（第25条）に該当するため，Xには契約の解除が認められる（第64条）

と断じた。

（2）損害賠償額の認定

　裁判所は，損害賠償額の算定について，関連する条文はCISG第74条と第75条であるところ，輸送船を変更したことは，当初の輸送船が，Yに代わる販売先であるP社との荷役には適さないことが理由であるから，Xの損害を軽減するための合理的な措置であると認定した。また，P社への再売却は，Xが履行拒絶を認めてから2カ月以内という合理的な期間になされたもので，売主は履行拒絶後直ちに売却先を探しており，明らかに第75条の要件を充たしていると判断した。同条は，「契約が解除された場合において，合理的な方法で，かつ，解除後の合理的な期間内に，買主が代替品を購入し，又は売主が物品を再売却したときは，損害賠償の請求をする当事者は，契約価格とこのような代替取引における価格との差額及び前条の規定に従って求めることができるその他の損害賠償を請求することができる」と規定している。そして，本件売買における売主の逸失利益は，契約価格（164.00ドル／トン）からP社との取引価格（143.50ドル／トン）を差し引き算出され，B社への売却については，取引価格の米ドル相当額（124.10ドル／トン）を基準に算定する。したがって，Xの損害は，P社との代替取引に関する逸失利益，B社との代替取引に関する逸失利益，そして再傭船に伴い生じた損失の合計額とこれに対する96年9月30日から2000年11月17日までの9％の利息の総和であると評価した。

REMARKS

　信用状は，輸入者の申請に基づいて開設され，輸出者が信用状に記載された項目を完全に履行した上で，船荷証券を含む船積書類一式を信用状の有効期限内において輸出地の買取銀行に提出することによって，輸入地の信用状発行銀行が輸出者に対し輸出代金の支払を確約する支払保証状である。一般に信用状は輸入者によって撤回可能であることから，売主は撤回不能信用状（irrevocable letter of credit）を求めることが多い。

　輸入者にとっての信用状決済の長所は，信用状の記載事項に合致した船積書類でなければ，輸出地の取引銀行は輸出者が振り出した荷為替手形の買取りに応じないため，輸出者による契約履行の確実性が保証されていることである。ただし，信用状の発行手数料は輸入者負担になる。また，輸出者にとっても，信用状の記載条件に合致した商品を船積みすれば，買取銀行から商品代金の入金が可能になるので利便性が高いが，信用状発行銀行の国際金融市場における適格性に問題がある場合，輸出地の銀行は輸出者が振り出す荷為替手形の買取りに応じない危険がある。そこで，信用状発行銀行の破綻などのリスクを回避するために，輸出者側の買取銀行が輸出代金の支払を確約する場合があり，そうした信用状を確認信用状（Confirmed Letter of Credit）と称する。

　その他の決済手段としては，D/P決済（手形支払時書類渡し）とD/A決済（手形引受時書類渡し）がある。前者は，輸入者が荷為替手形に対して，輸入貨物代金を支払うことで船積書類を入手する。この場合の手形をD/P手形（Document Against Payment）という。後者の場合，輸入者は，荷為替手形に対して，手形の期日支払を確約することで船積書類を入手する。この場合の手形をD/A手形（Document Against Acceptance）という。シッパーズユーザンスとは，一定期間内に代金を支払う条件であり，例えば，「D/A 30 days after sight」という条件の下では，輸入者は「手形を引き受けた日から30日後に代金を払う」義務を負う。

【参考文献】
河村寛治＝阿部博友『ビジネス法体系　国際ビジネス法』（第一法規，2018年）
潮見佳男＝松岡久和＝中田邦博編『概説　国際物品売買条約』（法律文化社，2010年）
井原宏＝河村寛治『判例ウィーン売買条約』（東信堂，2010年）

CHAPTER 6 信用状の開設・条件変更通知と船積義務

[信用状条件変更通知の遅延に基づく損害賠償請求事件]

FOCUS

　貿易取引において発達した国際代金決済の手段が荷為替手形という方式である。これに銀行による信用供与を加えてさらに確実にした手段が信用状決済であり，輸出者は商品の船積みと同時に輸出代金を回収することができるほか，輸入者にとっても，輸入代金を前払いする必要がなくなる。一方で信用状は，輸入者がその取引銀行に信用状の開設を依頼し，それが輸出者の所在国の銀行経由で輸出者に信用状の開設または条件変更の通知がなされるまでに一定の期間を要することから，売買契約で約定された船積期限に間に合わない場合もある。

　売主と買主との間で売買代金の決済方法として信用状を用いることが合意された場合に，売主は，特約がない限り，通知銀行から信用状の通知を受けるまでは自己の債務の履行を拒むことができ，また，当事者間の売買契約の変更や修正によって信用状の条件変更がなされたときは，通知銀行から信用状の条件変更の通知を受け，これを承諾するまでは，条件変更に係る債務の履行を拒むことができる。

KEYWORDS

信用状，信用状統一規則，条件変更通知，通知銀行の義務，損害賠償の要件

CASE[1]

　Ｘは，紳士・婦人服地等の輸出入，販売等を業とする日本の会社である。Ｙは，台湾台北市に本店を有する銀行であり，日本においては，東京と大阪に支店を有してい

る。Xは，台湾の会社Aに対し，布地を継続的に販売していたので，問題となった個別の布地売買契約（以下「本件売買契約」という）もXとAの間で締結された。Aは，その売買代金の支払のため，台湾の銀行Bに対し，Xを受益者とする信用状を発行しXに通知することを依頼した。同銀行は，この依頼に基づき，信用状（以下「本件原信用状」という）を発行した上，電信により，Xの大阪支店をその名宛受取人と定めて，Yの大阪支店へ送付し，本件原信用状をXに通知することを依頼した。そこで，Yの大阪支店は，その指示を履行した。

　その後，XとA間の合意により，AはBに本件原信用状の金額を増額するとともに，有効期限を延長する内容の条件変更に係る書面を発行しXに通知することを依頼した。

　Bは，上記依頼に基づき，条件変更に係る書面を発行した上，Yの東京支店に対し，電信により，これを送付した。しかし，電信の名宛受取人を本件原信用状の場合と同様にYの大阪支店とすべきところ，Yの東京支店としたため，Yの大阪支店へ転送されなかった。

　Bは，Yの東京支店に対し，電信の名宛受取人はYの大阪支店であると訂正した上，これを同支店へ転送することを依頼する旨を電信により通知した。Yの東京支店は，Bから上記通知を受け取ったが，これを未処理ファイルに入れて保管していたところ，Xから問い合わせを受けて調査をした結果，未処理ファイルに入っていた本件条件変更に係る書面を発見し，直ちにこれをYの大阪支店へ転送した。Yの大阪支店は，その日のうちにXに対し，本件条件変更を通知したが，既に予定していた船積期限を徒過していた。なお，上記信用状取引は，1993年改訂版信用状統一規則（UCP500）の下で行われた。

　Xは，Aから本件売買契約に係る商品の納入が遅れ顧客から責任を追及されている旨の抗議を受けたため，本件売買契約に係る商品を航空便により発送し，さらに売買代金の値引きに応じた。

　Xは，信用状の通知銀行であるYがXに対する本件条件変更の通知を遅滞したことから，Xが本件売買契約に係る商品を発送するために航空便を利用し，また，代金値引きの要求に応じざるを得なかったなどと主張して，Yに対し，不法行為による損害賠償請求権に基づき，上記航空運送費および値引き額相当額等の支払を求めた。

1　平成15年3月27日最高裁判決（金融法務事情1677号54頁）。

　裁判所は，「売主と買主との間で売買代金の決済方法として信用状を用いることが合意された場合，売主は，特約がない限り，信用状の通知を受けるまでは自己の債務の履行を拒むことができるし，また，信用状の条件変更がされたときは，条件変更の通知を受けこれを承諾するまでは，条件変更に係る債務の履行を拒むことができる」と前置きした上，「Xは，本件売買契約に係る商品を上記船積期限までに船積みしなかったことによりAに対して債務不履行責任を負うことはなく，売買代金の値引き等をしなければならない相当な理由はなかったというべきである」として，信用状の条件変更通知を遅延したYの行為とXが被った損害との間に相当因果関係は認められないと断じた。

1．信用状取引について

　貿易において，当事者双方にとって安全な決済手段として信用状取引が用いられる。輸入者（発行依頼人）の委託を受けた取引銀行は，輸出者（受益者）に対し，信用状条件に合致する書類が提供された場合には，売買代金を輸出者に対し立て替え払いする。信用状統一規則（Uniform Customs and Practices：UCP）は信用状取引を円滑に行うため，国際商業会議所（ICC）によって制定された国際統一規則である。

2．通知銀行が受益者に対して負う義務

　本CASEにおいては，信用状を決済方法とした取引につき，通知銀行が受益者に対し，迅速な通知を怠った場合の法的責任が問題となった。信用状の通知方法については，発行銀行が信用状を発行依頼人に交付し，発行依頼人が受益者へ送付する方法，または，発行銀行が直接に郵便または電信により通知する方法があるが，通常は発行銀行が受益者所在地にある支店などを経由して通知するのが一般的である。本CASEでも，Yの支店を利用した通知方法がとられた。通知銀行は，受益者は信用状が外見上正規に発行されたとみられるかどうかを点検する義務を負う（UCP500第7条a項）。しかし，受益者との関係では信用状を通知する義務は負っていないといえる。なぜなら，受益者と通知銀行の間には契約関係はなく，通知銀行は信用状を通知しないことも可能であるから（UCP500 第7条a項）とされる。

　他方，本CASEにおいて通知銀行が受益者に対し，不法行為責任を負う場合もあるとする見解も存在する。この見解によれば，銀行は通常の事務処理に要求される程度の注意義務を用いて事務処理をなす責任を負担しているので，本CASEのような例外的な場合には，銀行の受益者に対する不法行為責任が認められる。

3．本判決について

　本判決が結論としてXの損害賠償請求を棄却したことについては概ね賛同できるとしても，その理由づけとして本判決は，Xには信用状の条件変更通知を受領するまでは，船積期限に関わりなく商品を船積みする義務はなく，したがってAに対してXは債務不履行責任を負わないと判示している点は疑問であり，この理由づけは国際的な判例通説に反しているとして批判が集まっている。

　銀行による信用状の通知や条件変更の通知の遅延による損害については，銀行は発行依頼人の代金支払債務の履行補助者であることを前提とすれば，本来は信用状の発行依頼人が責任を負うべきである。発行依頼人は受益者との売買契約により，信用状を適時に受益者に提供する義務を負う。通知を受けなかった受益者は，商品の船積みを控えることができ，発行依頼人に対し損害賠償請求が可能である。そうだとすれば，受益者はこれにより保護されることとなり，通知銀行への責任追及の必要性はない。また，通知銀行は信用状発行銀行から通知処理を委任された場合には，受益者に信用状を通知する義務を負担する。これに反すると通知銀行は発行銀行に対して責任を負うこととなるが，受益者は，通知銀行と発行銀行の委任関係を援用できない（UCP500 第3条 b項）。したがって，通知の遅延に関して，受益者が通知銀行に対し責任追及をする手段はない。

　以上を踏まえると，本判決はYによる通知の遅延とXの損害との因果関係に言及するのではなく，YはXに対し迅速に通知する義務を負わない点を判決の根拠とした上で，Xは発行依頼人であるAとの関係において問題を解決すべきであると示すべきであった。

REMARKS

　本CASEについて，第一審と第二審において裁判所は，Yの過失を認定して，この過失とXにおいて生じた損害との因果関係を認めたが，最高裁においては上記の判断となった。

　実務上の指針としては，船積期限が到来したとしても，売主は信用状の通知（契約条件が変更された場合は条件変更通知）を受領するまでは，売主は商品を船積みする義務がないという原則に従って行動すべきである。本CASEにおいても，裁判所は，通知銀行が信用状の条件変更を適時に売主に通知しなかった場合に，売主が買主に対して債務不履行責任を負うことはないと判断している。売主Xは，この原則をふまえて買主Aと信用状の条件変更通知の遅延問題について慎重に協議すべきであった。

　なお，売主は信用状には，船積期限のほかに通知銀行による輸出者の荷為替手形の買取期限が記載されているので，この期限内に船荷証券（Bill of Lading）を含む船積書類（shipping documents：通常は商業送り状，船荷証券，および保険証券。これ以外に領事送り状，または税関送り状，さらに原産地証明書などを必要とすることもある）を荷為替手形とともに買取銀行へ呈示しなければならない。

【参考文献】

八尾晃＝後藤守孝＝橋本徹＝阿部順二『貿易と信用状―UCP600に基づく解説と実務』（中央経済社，2010年）

浦野直義監修『輸出入と信用状取引―新しいUCP & ISBPの実務』（経済法令研究会，2009年）

CHAPTER 7　契約不適合と買主の救済

［食肉ダイオキシン汚染事件］

FOCUS

　CISGの下で，売買契約の一方当事者の義務違反に対する救済は，売主による契約違反についての救済，買主による義務違反についての救済，および両当事者に共通の救済として定められている。その特徴としては，①一元的な義務違反として契約違反を規律している点，②過失責任主義を採用していない点，③「重大な契約違反」の有無によって救済内容が異なる点，そして，④契約違反のおそれがある場合の予防的救済が定められている点を挙げることができる。

KEYWORDS

契約不適合，過失責任主義，買主の検査義務，不適合の通知，代金減額権，重大な契約違反

CASE[1]

　1999年4月，ドイツの買主はベルギーの売主に豚肉を発注した。本件豚肉は買主の顧客に直接引き渡され，ボスニア・ヘルツェゴヴィナの貿易会社に転売される予定であった。引渡しは1999年4月から5月の3回にわたって行われ，売主は1999年6月までに買主に対して請求書を発行した。ところが，ベルギーおよびドイツでは，1999年6月の時点でベルギー産豚肉にダイオキシン汚染の疑いが生じ，ドイツでは，6月に至り，ベルギー産豚肉についてはダイオキシンが含まれていないことの衛生確認証明書が発行されていなければ販売できないとする政令が施行された。ベルギーにおいても7月に同様の政令が施行され，同規定によれば既に国外に輸出された豚肉についても適用された。

1　ドイツ連邦通常裁判所2005年3月2日判決（CLOUT774，CISG-online999）。

　買主は，本商品代金の一部のみを支払ったが，その残額について支払を拒否した。買主の主張によれば，本件豚肉はボスニア・ヘルツェゴヴィナの税関で保管され，6月末に税関からダイオキシンに汚染されていないことの確認を求められたが，売主は衛生確認証明書の提出を怠ったために本件豚肉は最終的に処分されたという。買主が残債務を支払わないことから，売主であるベルギーの食肉卸商から債権を譲り受けた原告は売買代金残額の支払を求めて訴えを提起した。

　売主と買主は，それぞれ異なるCISGの締結国に所在することから，本件取引については当事者がその適用を排除（CISG第6条）しない限りCISGが適用される（同第1条（1）（a））。

　CISGの下で売主は，契約で定めた数量，品質および契約規定に適合し，かつ，契約で定める方法に従って，容器に収められまたは包装された物品を引き渡さなければならない（CISG第35条第1項）。売主による契約違反の場合の買主の救済は，図表7-1に記載した通りである。ただし，買主は，状況に応じて実行可能な限り短い期間内に，物品を検査し，または検査させなければならない（第38条第1項）。さらに，買主は，物品の不適合を発見し，または発見すべきであった時から合理的な期間内に売主に対して不適合の性質を特定した通知を行わない場合には，物品の不適合を援用する権利を失う（第39条第1項）。

1．公的規制と商品の契約適合性

　公的規制の適用対象となれば，転売等が不可能ないし著しく制限されることとなる点で，商品価値は著しく低下するものであるといえる。そこで，本CASEにおいては，商品の契約適合性の判断において公的規制を，どこまで考慮すべきか問題となる。つまり，売主の営業所所在地の規制に適合すれば足りるか，または買主国の規制を充足しなければ契約適合性が問題とされるのかが議論された。

　裁判所は，CISG第35条第2項（a）を参照して，当事者が別段の合意をした場合を除くほか，物品は，同種の物品が通常使用されるであろう目的に適したものであることを要し，食品の国際取引において食品の流通可能性

（tradability）は契約適合性の一部であり，この要件を充足するためには，少なくともその食品が人体にとって有害でないことが求められると判示した。したがって，売主所在国の公的規制によって人体への有害性が懸念される食肉は，それが単なる懸念に過ぎない性格の危険性であっても，契約に適合しない食品であると判断した。

2．代金減額権

　売主の契約不履行に伴う買主の救済の1つである代金減額権は，売主が契約違反を行う類型において，買主の救済のためにCISG第50条によって保護される権利である（図表7-1参照）。買主が代金を減額できるのは，①売買によって提供された物品が契約に適合しない場合（CISG第35条）であって，かつ，②売主がその義務の不履行を追完した場合（引渡期日前であればCISG第37条，期日後であればCISG第48条（1）），または買主がそのような履行を受け入れることを拒絶した場合である。

　代金減額権の効果としては，現実に提供された物品が引渡時に有した価値の，契約に適合する物品の価値に対する割合と同じ割合で，代金の減額を請求できる。これを数式に表わすと以下の通りである。

$$\text{買主によって減額された価格} = \frac{（引き渡された物品の価格）\times（契約金額）}{契約に適合した物品が有していたであろう価格}$$

3．売主の追完権（図表7-1参照）

　CISG第37条あるいは第48条の下で，売主がその後の履行によって（代替品の引渡し，または修理によって）不適合を追完する権利を与えられる場合，CISG第50条2文は売主の追完権が買主の代金減額権に優先することを明確に定めている。CISG第37条により引渡期日前に売主が不適合を治癒することができれば，買主は代金減額権を有しない。また売主がCISG第48条の下で不適合を追完する場合は，等価が回復されるため，代金減額の必要はなくなる。売主に不適合を治癒する機会を初めに与えないで，買主が直ちに（例えば不適合

の通知とともに）代金減額の意思表示をしたとしても売主はその後の履行に
よって不適合を追完することができる。

図表7-1　CISGにおける売主・買主の救済（注1）（注5）

1．買主の義務違反に対する売主の救済

	1　買主が物品を受領しない場合または代金を支払わない場合	2　買主は代金を支払ったがその他の義務を履行しない場合
買主の義務違反が**重大な契約違反**に該当する場合	1A　買主の義務の**履行請求** 1B　**契約の解除**（64Ⅰa）（注6） 1C　**損害賠償の請求**（注4）	2A　買主の義務の**履行請求** 2B　**契約の解除**（64Ⅰa）（注6）［ただし売主による解除の意思表示の時期について制約あり（64Ⅱ）］ 2C　**損害賠償の請求**（注4）
買主の義務違反が**重大な義務違反**に該当しない場合	1A　買主の義務の**履行請求** 1B　**契約の解除**（注6）［売主が定めた付加期間内に買主が物品の代金の支払義務もしくは受領義務を履行しない場合または付加期間内にその義務を履行しない旨の意思表示をした場合に限定される（64Ⅰb）］ 1C　**損害賠償の請求**（注4）	2A　買主の義務の**履行請求** 2B　**契約の解除**（注6）［売主が定めた付加期間内に買主が受領義務を履行しない場合または当該付加期間内に買主がその義務を履行しない旨の意思表示をした場合に限定される。ただし売主による解除の意思表示の時期について制約あり（64Ⅱ）］ 2C　**損害賠償の請求**（注4）

2．売主の義務違反に対する買主の救済（注2）（注3）

	3　売主が物品を引き渡さない場合	4　売主が物品（いわゆる異種物を含む）を引き渡した場合
売主の義務違反が**重大な契約違反**に該当する場合	3A　売主の義務の**履行請求** 3B　**契約の解除**（注6） 3C　**損害賠償の請求**（注4）	4A　売主の義務の**履行請求**（46Ⅰ） 4B　**契約の解除**（注6）（49Ⅰa）［買主の契約解除権は，売主が物品を引き渡してから解除されない合理的な期間が経過したときは，その権利が消滅する（49Ⅱ）］。 4C　**損害賠償の請求**（45Ⅱ）（注4） 4D　**代金減額請求**（50） 4E　**修補請求**（46Ⅲ）［修補による追完請求がすべての状況に照らして不合理でない場合に限定される］

		4 F　代替品引渡請求（46Ⅱ）［不適合が重大な契約違反となる場合に限定される］
売主の義務違反が重大な義務違反に該当しない場合	3 A　売主の義務の**履行請求** 3 B　**契約の解除**（注6）［買主が定めた付加期間内に売主が物品を引き渡さない場合または当該付加期間内に売主がその義務を履行しない旨の意思表示をした場合に限定される（49Ⅰ b）］ 3 C　**損害賠償の請求**（注4）	4 A　売主の義務の**履行請求**（46Ⅰ） 4 B　**契約の解除**（注6）［買主が定めた付加期間内に売主が義務を履行しない場合または当該付加期間内に売主がその義務を履行しない旨の意思表示をした場合に限定される（49Ⅱ）。買主の契約解除権は，売主が物品を引き渡してから解除されない合理的な期間が経過したときは，その権利が消滅する（49Ⅱ）］ 4 C　**損害賠償の請求**（注4） 4 D　**代金減額請求**（50） 4 E　**修補請求**（46Ⅲ）［修補による追完請求がすべての状況に照らして不合理でない場合に限定される］

注1：売主・買主は上記表に掲げる救済について，それらが矛盾しない限度において重複的に救済の権利を行使することができる。

注2：売主は引き渡した物品が不適合であった場合に，**追完権**（第37条，第48条）を有している。追完権とは売主が自己の費用で目的物の修補，代替物の引渡しまたは不足分の引渡しによって不履行の状態を是正する権利である。期日前に物品の引渡しがなされた場合は引渡期日までに，また引渡期日後の場合は不合理に遅滞しない間もしくは売主が提示した合理的な期間について売主の追完権が保障されていて，買主はこれと両立しない救済の主張ができない。買主の減額請求との関係においても上記と同様に売主の追完権が認められる（第50条但書）。

注3：買主は，状況に応じて「実行可能な限り短い期間内」に，物品を検査し，または検査させなければならない（第38条第1項）。買主は，物品の不適合を発見し，または発見すべきであった時から「合理的な期間内」に売主に対して不適合の性質を特定した通知を行わない場合には，物品の不適合を援用する権利を失う（第39条第1項）。

注4：**損害賠償**（1～4のC）の対象になるのは，契約違反により買主が被った損失と等しい額であり，これには買主の**逸失利益**も含む（第74条第1項）。なお，損害賠償は契約違反当事者の契約締結時における**予見可能性**を前提としている。また，代金減額（2C）がなされた場合，不適合物品の減額に基づく損害は，代金減額で調整される。この場合でも損害賠償は可能であるが，上記以外に損害が生じている必要がある。なお，契約違反を援用する当事者は，その契約違反によって生じる損害を軽減するために，状況に応じて合理的な措置をとらなければならない（第77条）。

注5：当事者は，自己の義務の不履行が自己の支配を超える障害によって生じたこと，および契約の締結時に当該障害を考慮することも，当該障害またはその結果を回避し，または

克服することも自己に合理的に期待することができなかったことを証明する場合には，その不履行について責任を負わない（第79条第1項）。

注6：契約の解除（1～4のB）によって，当事者は契約に基づく義務から解放される（第81条第1項）。

注7：当事者の一方は，相手方が重大な契約違反を行うであろうことが契約の履行期日前に明白である場合には，契約の解除の意思表示をすることができる（第72条第1項）。

注8：買主は，現実に引き渡された物品が引渡時において有した価値が契約に適合する物品ならばその時に有したであろう価値に対して有する割合に応じて，代金を減額することができる（4D）。ただし，売主が第37条または第48条の規定に従ってその義務の不履行を治癒した場合や，買主がこれらの規定に従った売主による履行を受け入れることを拒絶した場合には，買主は，代金を減額することができない。

REMARKS

本CASEは，代金減額権の要件たる契約適合性の判断において，公的規制をどこまで考慮にいれるかにつき判断を示した点で意義を有する。裁判所は，食品の国際取引における公的規制は，基本的には売主の所在国の規制に従えばよいと述べた上で，売主は，物品の流通可能性（tradability）を買主に保証する義務があり，かつ人体に有害な食品は契約適合性を欠くと判断した。そして，公的規制によって人体への有害性が懸念される食品については，契約に適合しないとの判断を示している。

コモンローの下では，売主に明示的保証と黙示的保証が求められる。前者は契約に規定された保証内容（例えば契約書に明記された製品が仕様書に合致することの保証）であり，後者については，「商品性」（merchantability）や「特定目的適合性」（fitness for a particular purpose）の保証などを挙げることができる。本CASEもコモンローの下における商品性の保証が争われた事例と捉えることができよう。

ただし，これらの法的責任は，任意規定であり，契約で排除可能であるが，例えばその条項を「大文字」または「ボールド体」で記載するなど，免責事項について際だった方法で表示しない場合は，その効力が否認される懸念がある。

【参考文献】

河村寛治＝阿部博友編『ビジネス法体系　国際ビジネス法』（第一法規，2018年）

澤田壽夫ほか『マテリアル国際取引法　第3版』（有斐閣，2014年）

CHAPTER 8　継続的契約の解除

［独占的販売代理店契約の更新拒絶事件］

FOCUS

　継続的な取引契約が長期間にわたって更新が繰り返されて存続し，それに基づき，製品の供給関係も相当長期間続いてきたような場合において，販売店など製品の供給を受ける者が，契約の存在を前提として製品の販売のための人的・物的な投資をしているときには，その者の投資等を保護するため契約の継続性が要請されるから，公平の原則ないし信義誠実の原則に照らして，製品を供給する者の契約の更新拒絶について一定の制限を加え，継続的契約を期間満了によって解消させることについて合理的な理由を必要とすると解すべき場合がある。

　また，海外においては代理店や販売店を保護するための代理店保護法が存在する場合がある。代理店保護法の下では，正当な理由がない場合には，契約期間の満了をもってしても契約を終了することが困難な場合が多い。

KEYWORDS

継続的契約，公平の原則，信義誠実の原則，独占的販売代理店契約，代理店保護法

CASE [1]

　Ｘ（日本法人）は，化粧品等の流通販売を活動内容とするＹ１（フランス法人）とその取扱いの化粧品（以下「本商品」という）の独占的販売代理店契約（以下更新された契約も含めて「本代理店契約」という）を締結し，その後取引が約22年間継続した。そしてＹ１は2006年末に本代理店契約の更新を拒絶し，Ｘに対する本商品の

1　平成20年４月11日東京地方裁判所判決（判例タイムズ1276号332頁），平成22年１月29日東京地方裁判所判決（判例タイムズ1334号223頁）。

供給を停止した上で，化粧品の輸入販売を営むＹ２（日本法人）と共同出資で新会社Ｙ３（日本法人）を設立し，Ｙ２がＹ１から本商品を輸入し，それをＹ３が日本国内で販売したが，更新拒絶に至る経緯は以下の通りである。

1986年に本代理店契約がＸとＹ１間で締結されたが，その契約期間は５年間で，２年毎の更新条項があった。しかし，1998年頃からＸのＹ１に対する商品代金の支払遅延が発生したので，両者協議の結果，2001年に新たな独占的販売代理店契約を締結した。この契約の有効期間は３年で，自動更新条項は含まれていなかった。その後，2002年にＹ１はＸによる本代理店契約上の守秘義務違反が発生したとして，本代理店契約を解除する旨を通知した。その後，2002年末に当事者間の和解が成立し，３度目の独占的販売代理店契約が締結された。その有効期間は４年で，自動更新条項は含まれていなかった。

2006年初頭に，Ｙ１は競合品の取扱い禁止などの条件を提示し，これが合意に至らない場合は，代理店契約は同年末に終了すると通知した。そして，12月末にＹ１はＸに対して，Ｘによる本商品仕入高が本代理店契約で定める数値に未達であることなどを理由として本代理店契約を解除する旨を通知し，同時にＹ１はＹ２と共同出資でＹ３を設立するための発起人総会を開催し，Ｘに対する本商品の供給を停止した上で，Ｙ３による本商品の販売を開始した。

裁判においては，Ｙ１の行為が共同不法行為を構成するか，そしてＹ２およびＹ３の行為が決定された準拠法の下で共同不法行為に該当するか否かがそれぞれ争われた。

1．継続的供給契約の終了をめぐる判例・学説の状況（日本法の下で）

継続的供給契約については，当事者が契約履行のために先行投資を行うなど，契約の継続に強い期待を抱いている。そこで，契約自由原則が一部修正され，長期にわたって継続された契約の解約や更新拒絶について制約が課される場合がある。昭和62年９月30日札幌高裁判決（判例時報1258号76頁）は，３カ月前に通知すれば，田植機に関する独占的販売総代理店契約の更新拒絶を認めるという約定があったにもかかわらず，「契約を存続させることが当事者にとって酷であり，契約を終了させてもやむを得ないという事情がある場合」でなければ更新を拒否できないと判示した。また，化粧品の販売代理店契約の解除の合

法性について争われた（株）アイスロン化粧品事件[2]では，「販売代理店契約においては，信義則上代理店に著しい不信行為がある等契約の継続をし難い特別の事情が存在しない限り解除して商品供給を停止することはできない」と裁判所は判断した[3]。他方，本判決（第二判決）においては，日本法人である被告等（Y2・Y3）の不法行為責任の有無を認定する前提としての判断であるが，フランス法人（Y1）による約22年に及ぶ独占的販売代理店契約の更新拒絶は，契約期間が確定しており自動更新条項がもともと含まれていなかった事実や，Y1がXと契約更新の交渉をしたが結局合意に至らなかった事実などに鑑み，Y1が契約を終了させたことについて「正当な理由がないとまでいうことができない」と判断しており，解約または更新拒絶の「やむを得ない事情」を認定しているわけではない。また，カミソリの販売店契約の解約をめぐる事案[4]について裁判所は，原告が本件契約の終了により「多大の先行投資の回収ができなくなるとまでは認められない」ことに加えて，継続的取引関係が約25年の長期に及んでおり，被告が本件契約の期間満了に際し，その更新を拒絶することについては一定の合理性が必要であるといっても，それほど高度の合理性が必要であるということはできないと判断している。

　また学説上は，継続的供給契約の終了については，「明示の契約の有無，取引慣行，取引状況，目的物の性質，当事者の属性，解消者および被解消者の事情等の要素を考慮する必要がある[5]」とされるが，必ずしも明確な基準は定立されていない状況であり，個別事案に応じて判断が求められる。

（1）XのY1等に対する請求の準拠法

　本代理店契約第19条は，「フランス法が本契約に適用される」と定めている。被告等（Y2・Y3）は，Xによる共同不法行為に基づく損害賠償請求は，X

2　平成7年11月7日大阪地裁判決（判例時報1566号85頁）。正田彬，ジュリスト1110号（1997年）165～167頁。
3　また平成22年7月30日東京地裁判決も，ワインの販売代理店契約について，買主側の信頼関係破壊行為などやむを得ない事情がない限り解約を認めない立場を示している（松井秀征ジュリスト1438号（2012年）98～101頁）。
4　平成11年2月5日東京地裁判決（判例時報1690号87頁）。
5　中田裕康『継続的売買の解消』（有斐閣，1994年）477頁以下。

のＹ１に対する不法行為に基づく損害賠償請求権の発生が前提となっており，これが被告等に対する損害賠償請求権発生の要件の一部を構成することから，ＸのＹ１に対する不法行為に基づく損害賠償請求権の発生については，先決問題としてフランス法が準拠法になると主張した。これに対してＸは，事実上の前提問題は先決問題に該当せず，Ｘは被告等の共同不法行為による損害賠償を請求しているのであるから，被告等に対する関係はもとより，Ｙ１に対する関係においてもフランス法の適用を受けるものではないと反論した。

　裁判所は，被告等（Ｙ２・Ｙ３）のＸに対する不法行為の成立が，被告等の共同不法行為成立の前提となる別個の法律関係を構成するものではないことから先決問題ではないとした上で，Ｘは被告等とは契約を締結しておらず，Ｘが主張する共同不法行為についてもＹ１と締結された本代理店契約に直接関連しない行為も含まれていることから，法の適用に関する通則法第17条本文に基づき日本法が適用されるとした。

（2）Ｙ１に対する不法行為の主張について

　Ｘは，①その経営が本件取引に依拠し，約22年にわたり事実上更新された本代理店契約を終了させるには，Ｙ１は少なくとも２年間の猶予期間か２年分相当の営業保証金を提供すべき信義則上の義務があること，②Ｙ１が契約更新の交渉を偽装した欺罔行為をなしＸの国内販売先を奪取したこと等を主張した。これに対し，被告等（Ｙ２・Ｙ３）は，①本件は契約期間中の解約の事案ではなく期間満了に伴い契約が終了したものであること，②のような事実はないことなどを理由に反論した。

　裁判所は，本代理店契約は定められた契約期限までに更新について当事者が合意しない限り更新されない旨を定めていると認めた。そしてＹ１は，Ｘと本契約の更新について交渉を継続したが，Ｙ１が提示した条件についてＸの合意が得られなかったために，更新を拒絶したものであり，Ｙ１の当該行為は本代理店契約に違反するとはいえないと判断した。そしてＹ１が本代理店契約を終了させたことについて正当な理由がないとまでいうことはできず，日本法の下でもＸに対する不法行為になるとはいえないと判断した。

（3）Y2・Y3の行為はXに対する共同不法行為になるか

　Xは，Y1が本代理店契約を正当な理由なく終了させたことが，Xに対する不法行為となるとした上で，被告等（Y2・Y3）は，Y1と共謀の上，Xの国内における販売先を奪取したなどと主張した。これに対し被告等は，Y1が本代理店契約を終了させたことは不法行為とならないこと，ならびに被告等は，本代理店契約の当事者ではないので，XとY1の契約更新交渉には何ら関与しておらず，またXは本代理店契約を更新せず期間満了にて終了させられてもやむを得ない状況であったことから，被告等が本代理店契約終了後に，本商品の輸入・販売に関与することとなったことは，XのY1に対する総代理店としての契約上の地位を侵害したことにはならない等と反論した。

　裁判所は，Xの主張はその関係者の推測等による供述証拠であって採用することができず，被告等は通常の自由競争の範囲内にある取引行為をとったものであり，これらに逸脱した行為であると認める証拠はないと判断した。また，裁判所は，XがY1に持ちかけたXの顧客リストの買取りをY1は断っている事実などから，被告等が共謀してXの販売先を奪取したとも認められず共同不法行為にならないと断じた。

2．代理店保護法について

　海外市場においてマーケティングを行う場合には，代理店または販売店を起用する国における代理店保護法制に注意する必要がある。以下において欧州の代理店保護法制をめぐる注意点について検討する。

　代理店の保護に関するEEC指令[6]は，同第1条第2項に基づき自営代理店（self-employed commercial agent）に適用されることから，販売店を含めそれ以外のものには適用されないことが原則である。しかし，実質的には代理店と販売店の区別は必ずしも明確ではなく，指令の実質的適用範囲が上記commercial agentに限定されるとは断言できない状況にある[7]。

　例えば，ベルギーにおいては上記指令が出される前から存在する法律である

6　Council Directive 86/653/EEC of 18 December 1986.
7　J.H. Dalhuisen, Transnational and Comparative Commercial, Financial and Trade Law (Oxford: Hart Publishing, 2007), at 453.

ところの，1961年の「期間を定めない独占的販売店契約の一方的解約に関する法律[8]」は，たとえ契約期間の定めがある場合でも，その契約更改後は期間の定めのない契約とみなされて，その終了に際しては一定の予告期間または補償が要求される旨を定めている。また，フランス法の下では，確定期限付契約の場合であっても，また期限の定めのない販売店契約であっても，販売店契約の解約に際しては，そのビジネスの継続期間に応じた事前予告が必要とされ，これを行わない場合は商法に基づき損害賠償の責任を負担する[9]。また，期限の定めのない販売店契約については，たとえ解除する側が適切な解除予告を行った場合であっても，販売店が解約に先立ち投資を行うなど特別の事情が認められる場合，裁判所は権利濫用（abus de droit）に基づき解約した当事者に賠償を命じる傾向がうかがえる[10]。さらに，選別的販売店契約（distribution sélective）[11]に該当する場合は，原則として解除は認められないと考えられる。

代理店保護法の販売店への適用については，ドイツにおいて判例で確立されており[12]，これらの義務を契約により排除することはできないと考えられることから，注意が必要である。販売店を起用する当事者は，契約期間を明確に規定した上で，販売店の製品最低購入数量や競業避止義務などを明確に規定することによって，正当事由に基づく解約の余地を確保することを検討すべきであろう。

---

8 The Law on the Unilateral Termination of Exclusive Distribution Agreement of Indefinite Duration of 27 July 1961.
9 Dennis Campbell (Ed), International Agency and Distribution Law [2008] Volume II (Salzburg: Yorkhill Law Publishing, 2008), at 100-101.
10 Id.
11 Id. at 91.
12 Id. at 151-152.

REMARKS

　国際ビジネスにおいて，自社の海外拠点を設置するのは多額の資金を伴うため，海外の現地企業と提携して，自社商品の市場開拓や販売促進を任せる場合がある。このうち販売店（distributor）は，売主から一定の商品を一定の販売地域で販売する権利を得て，自己の名前と計算で，その商品を販売地域の顧客に販売する。他方，代理店（agent）は，本人（売主）の商品の販売を拡大するために，本人と顧客との間で商品販売契約の媒介または代理を行う。いずれの場合も，一定の商品に関して一定の地域において独占権を与える場合には，売主（本人）は，自己の商品について，一定の領域内において他の者に販売させることができない。

　海外においては，その地域の代理店（販売店を含む場合もある）を保護するために，代理店保護法が制定されている場合があり，これらの法令は，自国の事業者（販売店・代理店）を外国企業から保護すべく，契約の更新拒絶や解除について一定の制限が課されている。例えば，中東諸国やラテンアメリカ諸国の代理店保護法においては，該当国において代理店等を選任する場合にはその代理店等を当局に対して登録する必要があり，また，その登録を変更する場合には当該代理店等の同意が必要とされる場合がある。これらの法令は強行法規と位置づけられ，当事者間の合意によって適用を排除することができない。

【参考文献】

小島国際法律事務所編『販売店契約の実務』（中央経済社，2018年）
大貫雅晴『英文販売・代理店契約―その理論と実際』（同文舘出版，2015年）

CHAPTER 9 港湾運送事業者の責任

[港湾荷役不備による損害賠償請求事件]

FOCUS

　港湾を拠点とする運送等の業務を港湾運送業という。港湾運送業務は，コンテナ輸送の発展による海運の変化等により，高い専門性を持つ，港湾を拠点とした中間物流事業者としての機能と役割を果たすことが多くなっている。特に日本は海国であり伝統的にも海運が中心であるため重要性が高く，最近は国際複合輸送と呼ばれる，陸・海・空一体となった国際物流の発展により，大手物流企業の進出がめざましい。港湾運送業務について，日本では，1951年に制定された港湾運送事業法により港湾運送業の秩序が保たれている。

　コンテナを用いた物流の仕組みは，輸送を安全で安定的な効率的手段に発展させ，それは20世紀における偉大な発明の１つとされる。コンテナとは，内部に物を納めるための容器のことであり，ISO668規格での海上コンテナの長さは，主に20フィートと40フィートの２種類がある。このコンテナに積み込む作業をバンニングといい，機器等をコンテナで運送する場合は港湾運送業者によってバンニングがなされる。港湾運送業者は，コンテナ１個を満たした貨物（Full Container Loadという）の受け渡しをコンテナヤードにおいて行うが，コンテナ１個に満たない貨物については，コンテナフレートステーションにおいて行う。通常コンテナヤードにおけるバンニングは荷主の手配で行い，コンテナフレートステーションにおける場合は船会社の手配で行うが，このバンニングの不手際によって海上運送途上で貨物が破損した事例をCASEで取り上げた。

　輸出者は輸入者との商品売買契約を締結する際の貿易条件をインコタームズに基づき合意する場合が多いが，CIF条件に合意した場合は，輸出者が船舶を手配するとともに，輸入者を受益者として外航貨物海上保険契約を締結する。この保険契約について，外航貨物海上保険で補償する危険，保険金が支払われる範囲，保険期間などは，予め約款により取り決められている。一般には，イギリスの保

険市場で作成され世界的に広く使用されている協会貨物約款（Institute Cargo Clauses：ICC）が採用される。

KEYWORDS
港湾荷役，請負契約，海運業者，外航貨物海上保険契約，インコタームズ，協会貨物約款，危険負担

CASE[1]

日本の荷送人（Ａ売主）は中華人民共和国の顧客（Ｂ買主）とCIF条件で印刷機の輸出契約を締結した。そこで，ＡはＹ１（日本の港湾運送事業者）と本件機械を，Ｙ１の倉庫においてコンテナに固縛した上，それをＹ２（中国の海運業者の日本における代理店）のコンテナヤードまで運搬してＹ２に引き渡す業務の請負に関する契約（請負契約）を締結した。そして，ＡはＹ２と本件機械を海運業者が運行する定期船によって横浜港から中国の黄埔新港まで運送するために，本件機械をコンテナヤード受け，コンテナヤード渡しとする国際海上物品運送契約を締結した。さらに，本件機械の滅失や損傷の危険をカバーするために，日本の損害保険業者であるＸと外航貨物海上保険契約（外航貨物海上保険は，国際間を輸送される貨物を対象とする保険。以下「本件保険契約」という）を締結した[2]。本件保険契約における保険期間[3]は，Ａの工場が存在する茨城県つくば市から最終目的地である中国の内陸地点とされており，保険条件はオールリスク（全危険担保）とされていた。

Ｙ１は，本件機械をＹ２が手配したコンテナに固縛し，本件コンテナをＹ２のコンテナヤードまで運搬し，Ｙ２に引き渡したが，本件機械のコンテナへの固縛が不十分であったため，上記貨物は運送中に転倒等して破損した。

---

1 平成22年6月4日東京地裁判決（平成19年（ワ）第33008号・平成22年（ワ）第10207号）。
2 保険金額は，CIF価額の110%とするのが通例である。FOB，CFR輸入の場合には，FOB価額にInsurance（保険料）とFreight（運賃），CFR価額にInsurance（保険料）をそれぞれ加算しCIF価額を算出し，これに10%を加算した額で付保するのが通例である。
3 保険会社が責任を負担する期間を保険期間という。外航貨物海上保険の保険期間は，「貨物が保険証券記載の仕出地の倉庫・その他の保管場所において，輸送の目的をもって初めて動かされた時に開始し，保険証券記載の仕向地にある最終倉庫・その他の保管場所で荷卸しが完了した時に終了する」。

　AはY1およびY2に損害賠償を求めていたところ，荷送人との間で本保険契約を締結していた損害保険会社であるXが保険金を支払ったことによって，保険代位に基づき，AがY1に対して有する債務不履行に基づく損害賠償請求権を取得したとして，その支払った保険金相当額等の支払を求めた。

　以上をわかりやすく示したものが図表9-1である。

図表9-1　港湾業務委託・国際海上物品運送契約・外航貨物海上保険契約
　　　　　（CIF契約の例）

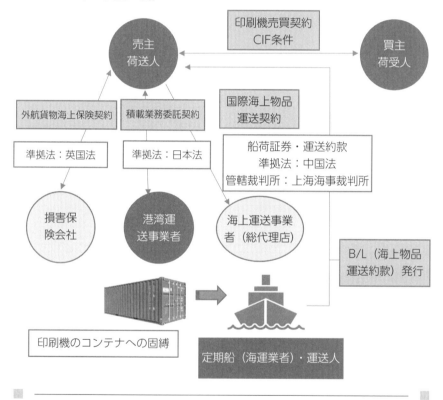

1．インコタームズについて

　INCOTERMS（International Commercial Terms）とは，国際商業会議所（ICC）が輸出入取引に関して，定型的な取引条件，特に当事者間の費用と範

囲を定めたものであり，輸出入当事者の商慣習が国によって異なることから発生する取引条件の誤差や，紛争・訴訟を防止する目的で定められた，定型取引条件の解釈に関する国際規則である。1936年に制定されて以降，輸送実務の変化を反映するためにたびたび改定されている。インコタームズ2020では，2010年版で規定されていたDATが削除され，新たにDPUが規定された。貿易条件の詳細については図表9-2を参照のこと。

図表9-2　インコタームズ2020の各規則と危険の移転

	規則	名称	解説
海上および内陸水路輸送に適用される規則	FAS	Free Alongside Ship（船側渡し）	輸出者は，仕出地の港で本船の横に商品を届けるまでの費用を負担し，それ以降の費用およびリスクは輸入者が負担。
	FOB	Free on Board（船上渡し）	輸出者は，仕出地の港で本船に商品を積み込むまでの費用を負担し，それ以降の費用およびリスクは輸入者が負担。
	CFR	C&F Cost and Freight（運賃込み）	輸出者は，仕出地の港で本船に商品を積み込むまでの費用および海上運賃を負担し，それ以降の保険料およびリスクは輸入者が負担。
	CIF	Cost, Insurance and Freight（運賃・保険料込み）	輸出者は，仕出地の港で本船に商品を積み込むまでの費用，海上運賃および保険料を負担し，それ以降のリスクは輸入者が負担。
すべての輸送形態に適用される規則	EXW	Ex Works（工場渡し）	輸出者は，輸出者の工場で輸入者に商品を受け渡し，それ以降の運賃，保険料およびリスクは輸入者が負担。
	FCA	Free Carrier（運送人渡し）	輸出者は，指定された場所で商品を運送人に渡すまでの一切の費用とリスクを負担し，それ以降の運賃，保険料，リスクは輸入者が負担。
	CPT	Carriage Paid to（輸送費込み）	輸出者は，指定された場所で商品を運送人に渡すまでのリスクと海上運賃を負担し，それ以降のコストとリスクは輸入者が負担。

CIP	Carriage and Insurance Paid to（輸送費・保険料込み）	輸出者は，指定された場所で商品を運送人に渡すまでのリスクと海上運賃，保険料を負担し，仕向地からのコストとリスクは輸入者が負担。
DPU	Delivered at Place Unloaded（荷卸込持込渡し）	指定された目的地までのコストとリスクを輸出者が負担するが，当該仕向地での輸入通関手続きおよび関税は輸入者が負担。なお荷卸しの危険とコストは輸出者負担。
DAP	Delivered at Place（仕向地持込渡し）	指定された目的地（商品の引渡しはターミナル以外の任意の場所）までのコストとリスクを輸出者が負担するが，当該仕向地での輸入通関手続きおよび関税は輸入者が負担。なお，荷卸しの危険とコストは輸入者負担。
DDP	Delivered Duty Paid（関税込持込渡し）	輸出者は，指定された目的地に商品を送り届けるまでの輸入関税を含むすべてのコストとリスクを負担。

2．外航貨物海上保険契約について

　海上保険は，貨物保険と船舶保険を併せた概念であり，主に海上危険による損害を担保するものである。このうち貨物保険は，荷物に関する賠償責任や所有権などが被保険利益となるが，近年は，サプライチェーン・マネジメントの考えが普及し，物流全体の保険商品が登場している。したがって，貨物に損害が発生し，その原因が運送人にある場合には，荷主はこれらの契約に基づき運送人に損害賠償を請求することができる。もし，荷主が保険を手配していた場合，保険契約に従って事実関係を確認の上，保険会社は荷主に保険金を支払う

図表9-3　保険金の支払と保険会社による代位求償

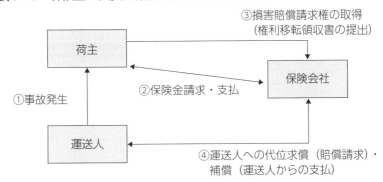

場合がある。この場合，保険会社は荷主が署名した権利移転領収書（Subrogation Receipt）の提出を求め，荷主に代わって運送人に損害賠償請求を行う（図表9-3参照）。これを代位求償という。

　また，外航貨物海上保険は，国際間を輸送される貨物を対象とする保険であり，その保険証券類は，船積書類の1つとなる重要な書類であることから，国際的に流通性のある共通書式が使用される。一般的には，イギリスのロンドン保険業者協会（Institute of London Underwriters）が制定した保険証券や協会貨物約款（Institute Cargo Clauses）が活用されている。本CASEにおいては旧貨物約款が使用されたが，2009年に制定された新約款の下では，基本的な保険条件（普通保険約款）は3種類（ICC（A），ICC（B）およびICC（C））である（図表9-4参照）。なお，戦争危険およびストライキ等危険は，普通保険約款では免責とされていて，別途の特別約款により担保する形式となっている。

　外航貨物海上保険の保険期間（保険会社が責任を負担する期間）は，「貨物が保険証券記載の仕出地の倉庫・その他の保管場所において，輸送の目的をもって初めて動かされた時に開始し，保険証券記載の仕向地にある最終倉庫・その他の保管場所で荷卸しが完了した時に終了する」ことになっている。

3．本CASEについての裁判所の判断

　裁判所は，本件機械は，Y1がAからスチールケースに梱包した貨物の引渡しを受け，Y1の倉庫において，Y2が手配した40フィートフラットラックコ

図表9-4　ICC2009年約款の基本条件

危険の具体例		火災・爆発	船舶または艀の沈没・座礁	陸上輸送用具の転覆・脱線	輸送用具の衝突	本船または艀への積込・荷卸中の落下による梱包1個毎の全損	海・湖・河川の水の輸送用具・保管場所への浸入	地震・噴火・雷	雨・雪等による濡れ	破損・まがり・へこみ、擦損・かぎ損	盗難・抜荷・不着	外的な要因をともなう漏出・不足	共同海損・救助料、投荷	波ざらい
基本条件	ICC(A)	○	○	○	○	○	○	○	○	○	○	○	○	○
	ICC(B)	○	○	○	○	○	○	○	×	×	×	×	○	○
	ICC(C)	○	○	○	○	×	×	×	×	×	×	×	○	×

○　保険金支払の対象
×　保険金支払の対象とならない
＊保険金が支払われない場合：
[1] 故意・違法行為による損害
[2] 荷造り・梱包の不完全・コンテナ内への積付不良による損害（ただし，危険開始後に被保険者以外もしくはその使用人以外の者によって行われる場合を除きます。）
[3] 貨物固有の瑕疵（かし）または性質による損害（自然の消耗，通常の減少，発汗，蒸れ，腐敗，変質，錆び等）
[4] 航海，運送の遅延に起因する損害
[5] 間接費用（慰謝料，違約金，廃棄費用，残存物取片付費用等）
[6] 貨物が陸上にある間の戦争危険による損害
[7] 原子力・放射能汚染危険による損害
[8] 化学・生物・生物化学・電磁気等の兵器による損害
[9] 通常の輸送過程ではない保管中などのテロ危険による損害
[10] 船舶の所有者，管理者，傭船者または運行者の支払不能または金銭債務不履行による滅失，損傷または費用（ただし，被保険者がそのような支払不能または金銭債務不履行が，航海の通常の遂行を妨げることになり得ることを当然知っているべきである場合に限る。）
[11] 被保険者が事業者（個人事業主を含む）である場合に，直接であると間接であるとを問わず，サイバー攻撃によって生じた損害。
出典：http://www.ms-ins.com/marine_navi/product/cargo/gaiko/assumption.html.

ンテナに搭載した上，帯鉄（Hoop）をスチールケース上部を通して巻き付けて，コンテナの留め金に留める方法（Overlashing）で固縛したが，固縛していた帯鉄が破断ないし外れたことによりコンテナから落下して転倒し，本件機械が破損したものと認定した。
　さらに，裁判所は，「貨物運送において貨物を固縛することは，貨物の転倒

等による貨物それ自体の保護のみならず，他の貨物等の他人の財産や人命の保護にも関わるものであるから，貨物の固縛に当たっては，貨物の移動を防止するに足りる固縛力を確保しなければならない。その上，船舶による海上貨物運送においては，陸上貨物運送に比較し，天候等の気象条件によって，船舶が横揺れ（ローリング）及び縦揺れ（ピッチング）等の回転運動並びに左右動（スウェイ），前後動（サージング）及び上下動（ヒービング）の直線運動が発生するから，貨物の固縛は，このような想定される諸運動に耐え得るように設計されなければならない」と述べた上で，Y1について，Y1はAと締結した請負契約上，海上貨物運送に耐え得る固縛を行うべき義務を負っていたところ，不十分な固縛を行ったのであるから，Aに対して債務不履行による損害賠償責任を負うと判断したが，Y2については，国際海上物品運送契約上の不履行は認められないとして，XのY2に対する主張を退けた。

REMARKS

　輸出入の手続きについては，図表9-5および9-6を参照されたい。インコタームズにおいては，貨物の危険負担が，どこで売主から買主に移転するかが決められている。例えば，売主が外航貨物海上保険を手配するCIF条件で輸出する場合は，危険負担の移転時期はFOB条件と同じであるが，売主は自ら危険を負担する積込み前の区間に加え，買主が危険を負担する積込み後の区間も合わせた，すべての輸送区間を通じて保険を手配しなければならない。この場合の保険金額は，CIF価額の110%とするのが通例である。また，FOB，CFR輸入の場合には，上記に従いそれぞれ加算調整したCIF価額を算出し，これに10%を加算した額で付保するのが通例である。

　外航貨物海上保険契約におけるの保険期間は，売主と買主のどちらが保険手配するか，および，貨物の危険負担がどこで移転するかによって定まる。例えば，FOB条件で輸入する場合は，仕出地において貨物が輸出本船に積み込まれたときに危険負担が移転するので，買主が手配する外航貨物海上保険の保険期間もそのときから始まる。すべての輸送区間を通じて保険を手配する場合は，「仕出地における倉庫または保管場所において，輸送の開始のために輸送車両または他の輸送用具に保険の目的物を直ちに積込む目的で，保険の目的物が初めて動かされた

時」から，通常の輸送過程を経て，「保険証券で指定された仕向地の最終の倉庫
または保管場所において，輸送車両またはその他の輸送用具からの荷卸しが完了
した時」までが保険期間となる。

図表9-5 輸出手続き（輸出通関から船積みまで）

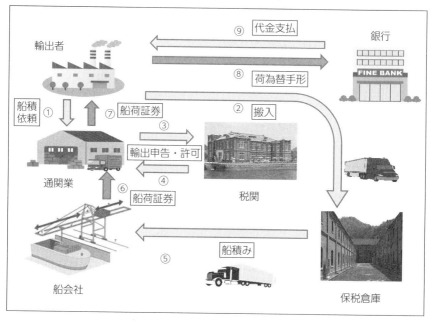

[説明]
① 船積依頼書の提出：輸出者は輸入者との売買契約締結後に国内通関業者に船積依頼書を
提出する。
② 貨物を保税倉庫に運送：輸出貨物は一旦**保税倉庫**に保管される。
③ 輸出申請書：輸出者は通関業者を通じて貨物の輸出申請を行う。
④ **輸出許可**：法令上問題がなければ税関から輸出が許可される。
⑤ 船積み：保税倉庫の貨物を積出港から本船に積み込む。
⑥ 船荷証券（1）：船会社は通関業者に**船荷証券**を交付する。
⑦ 船荷証券（2）：輸出者は通関業者から船荷証券を受領する。
⑧ **荷為替手形**：輸出者は銀行に荷為替手形の買取りを依頼する。貿易取引においては，輸
出者が商品を船積みしても輸入者が貨物代金を支払わない可能性があるので，輸出者は貨
物の船積後に船積書類と為替手形を取引銀行に買い取ってもらい，取引銀行が輸入者の国
にある銀行を通じて代金を取り立てる。輸入者は代金を支払わない限り（あるいは荷為替
手形を引き受けない限り）船積書類を入手できない。
⑨ 貨物代金の支払：銀行は為替手形を買い取り，輸出者に代金を支払う。

図表9-6　輸入手続き（輸入通関から引取まで）

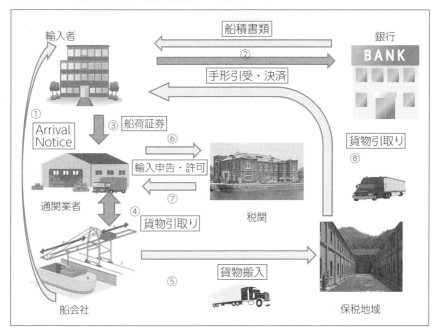

［説明］

① 到着通知：本船が船卸港に到着すると船会社から到着通知（Arrival Notice）がなされる。あるいは輸出者から事前に船積通知（Shipping Advice）が届く場合もある。輸入者は，その起用する通関業者を決定し，荷受けや通関手続きの代行を依頼する。

② 船積書類の入手：**荷為替手形決済**（L/C, D/A, D/P）の場合には，その引き受けや代金決済と引き換えに，銀行から船荷証券（B/L）などの船積書類一式を入手する。

③ B/Lの裏書他：B/Lに裏書きをして，海貨業者に渡す。荷為替手形決済以外の場合には，輸出者から送られてくる船積書類を点検し，B/Lに裏書きし海貨業者に渡すことになる。

④ 本船からの貨物の引取り：海貨業者はB/Lを船会社に提示し，B/Lと引き換えに**荷渡指図書**（D/O）を本船入港前に入手する。

⑤ 貨物の引取り：D/Oと引き換えに本船から貨物を引き取り，保税地域に搬入する。近距離貨物などで船積書類が銀行に未着の場合には，銀行の連帯保証のある**保証状**を船会社に差し入れることにより，貨物を一旦引き取ることができる。

⑥ 通関：通関業者は貨物の置かれている保税地域の所在地を管轄する税関に「**輸入（納税）申告書**」と必要書類を提出し，輸入申告を行う。

⑦ 関税の納付等：必要に応じ税関の審査や検査を受けて関税と消費税を納付し，税関長から輸入許可書を取得する。

⑧ 貨物引取り：輸入貨物を国内貨物として引き取る。

【参考文献】

池田良穂『基礎から学ぶ海運と港湾　第 2 版』（海文堂，2019年）

小路丸正夫『貨物海上保険・貨物賠償クレームのQ&A　改訂版』（成山堂書店，2013
　年）

CHAPTER 10　定期傭船契約と運送契約の責任主体

[穀類運送契約の不履行を理由とする損害賠償請求事件]

FOCUS

　国際海上物品運送契約とは，船舶を用いて貨物等を輸送する業務を請け負う旨の契約である。また，自ら輸送手段（船）を所有または傭船して，仕出地の港から仕向地の港までの実際の輸送を受け持つ事業者を海運会社という。そして，いわゆる幹線経路を担当する外航・内航船舶運航事業者（海運会社）は，Common Carrierと称される。他方で，傭船契約（Charter Party）による私的運送人（Private Carrier）は傭船者（Charterer）と称される。

　国際海上物品運送契約の中でも，一定の航路を，定期的に航行する定期船（Liner）を活用して個品の運送を委託する場合には，一般的に船荷証券[1]に記載された約款（運送約款）が適用されるが，特定の航路を定めず，貨物輸送の需要に応じてその都度運航される不定期船（Tramper）の場合は個別に傭船契約が締結される。

　この内，定期傭船契約は，海事に関する専門的な知識経験を基礎として提供される役務の利用を目的とする契約であって，航行や船舶の取扱いなど本来海事に関する専門的知識経験に委ねられるべき事項は，船舶全体を占有し，これを支配する船主の責任において処理されるべき事柄であり，これら事項について定期傭船者は主体的に関与することはない。

　なお，運送契約の当事者は船主（または裸傭船の場合は裸傭船者）であって定期傭船者ではない趣旨を定めた船荷証券中のデマイズ条項は法的に有効であり，同証券上部に定期傭船者の社名が付されていても，運送人は船主であり，定期傭船者は，その責任主体ではない。

KEYWORDS
国際海上物品運送契約，定期傭船契約，航海傭船契約，ニューヨーク・プロ
デュース書式，船荷証券，デマイズ条項，海上運送人の責任

CASE[2]

　Y1（本船の定期傭船者）はY2（本船の船主）と穀類運搬船のジャスミン号（本
船）について定期傭船契約を締結している。そして，Y1と荷送人の間で締結された
インドネシアと韓国の港間の穀類航海傭船契約に基づき，インドネシアの港において
米傭ペレットが本船に船積みされたため，本船の代理店が船荷証券に署名した。同署
名は，「船長のために（FOR THE MASTER）」という表示のもとにされており，本件
船荷証券の上部には，Y1の会社名の表示がある。

　ところで，本件定期傭船契約は，国際的に広く使用されているニューヨーク・プロ
デュース書式によるものであるが，「船長は，傭船者ないしその代理店に対し，メー
ツ・レシートまたはタリークラークス・レシート及び本傭船契約書にしたがって，船
長のために船荷証券に署名する権限を与えることが合意された」との記載がある。こ
の「船長のために」という表示は，一般的に，船舶所有者が船荷証券で表章される運
送契約の当事者本人（運送人）であることの表示である。また，Y1と荷送人は本件
穀類航海傭船契約において，Y1は，本件航海傭船者ないしその代理店に対し，船長
のために船荷証券に署名する権限を与えており，本件船荷証券には，船主・船長を代
理した船舶代理店が運賃を受領した旨の署名がある。

　本件船荷証券には，「本船がY1により所有又は裸傭船されていない場合には，これ
に反する記載にかかわらず，本件船荷証券は，Y1の代理行為に基づき，本船船主ま
たは裸傭船者を契約当事者としてこの者としての契約としてのみ効力を有し，Y1は，
本船船主ないし裸傭船者の代理人としてのみ行為し，上記契約に関するいかなる責任
も負わない」という内容のデマイズ条項が記載されている。

　本件貨物については固化や変色などの損害が発見されため，保険会社Xは船荷証券

1　船荷証券（Bill of Lading：B/L）は，船会社など運送業者が発行し，貨物の引き受けを証
　　明し，当該貨物受取りの際に必要な書類である。
2　平成10年3月27日最高裁判決（損害賠償請求事件）（最高裁判所民事判例集52巻2号527頁，
　　判例時報1636号18頁，判例タイムズ972号98頁）。

の所持人に対して保険金を支払ったので，Xは保険代位に基づき，Y1に対しては運送契約上の債務不履行責任として，Y2に対しては運送契約上の債務不履行責任または不法行為責任として，それぞれ損害賠償を請求した。なお，準拠法は日本法であることが確認されている。裁判所はXによる請求を容認するであろうか。

1．備船契約について

　備船契約とは，荷主や運航業者が船主と取り交わす船舶の利用に関する契約である。定期備船契約や航海備船契約の場合は，船長以下の船員つきで船舶が供給される。船員は荷物の運送に関しては備船者の指示に従う義務を負担するが，通常は雇用主である船主の指揮監督下にあるため備船者が指揮監督するものではない。

　備船契約には，備船者が船舶そのものだけを借り，備船者がすべての保船管理を行い，船主には船舶登録以外の費用負担が一切なく，ファイナンスの派生商品としてみられる側面もある裸備船（Bareboat Charter）契約[3]や，船舶のみならず保険付保や船員配乗といった船舶役務全般までをも船主側が負担して船会社に貸し出す定期備船（Time Charter）契約，目的地まで輸送するという航海毎の契約で，運送行為そのものを船主が提供する航海備船（Voyage Charter）契約[4]などがある。また，再備船（SubletまたはSub Charter）とは，原船主の承諾を得て，備船者が備船した船舶の一部または全部について別の備船者と備船契約を締結することを意味する。再備船者との関係において，原備船者は船主（Disponent Owner）の立場となる（図表10-1参照）。

　なお，国際海上物品運送契約の実務において，バルカー（撒積貨物船（bulk carrier or bulker）は，梱包されていない穀物・鉱石・セメントなどのばら積

3　備船者は船主の了解を得て船長の任命・船員の配乗・船舶の艤装などを行うとともに，本船の償却費以外のすべての運航費用を負担する。備船者は運航に関する一切の責任を引き受けるとともに，完全な管理権を持つことになる。一般に裸備船に際しては船舶賃貸借契約が締結される。

4　鉱石・穀類・石炭などのばら積貨物の輸送はほとんど航海備船による。船舶の全部を備船する全部備船と一部を備船する一部備船がある。また，特定の航海について定期備船ベースで備船する場合は一般にtrip charterと称する。

貨物を船倉に入れて輸送するために設計された貨物船）に関してはニューヨーク・プロデュース書式が70％以上使用されているといわれ，またタンカー（船体内に大型タンク（液槽）を設置し，液体を輸送する輸送機械）に関してはシェルタイム書式が過半数使用されているといわれる。その他，社団法人日本海運集会所の定期傭船契約書が使用されることもある。外航を目的とする傭船契約については，イギリス法が準拠法に指定されることが多い。

図表10‐1　再傭船の諸形態と当事者関係

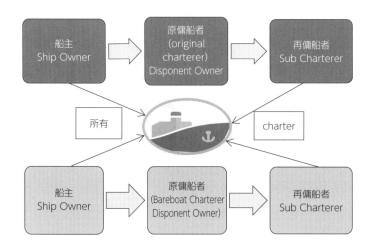

2．海上運送人の責任

　海上運送人の責任は，一包または一単位当たりの制限額（Package Limitation）として規定される。一方，改正ヘーグ・ルールでは，貨物重量で責任制限額を算出する方式（Weight Limitation）を加え，運送人は，いずれか高い額でのみ責任制限が可能である。このような船荷証券の責任制限条項には，「運送人の責任限度額は，一包または一単位（船荷証券上にコンテナ内品の梱包数の記載があれば，それが責任制限の対象となる包数，単位数とされる）当たり666.67SDR，または，滅失もしくは損傷に係る物品の総重量につき，１キロ当たり２SDRのいずれか高い額を超えて責任を負わない」と規定する。しかし，例えばアメリカは（改正前）ヘーグ・ルールのみを批准しているので，

パッケージ・リミテーションのみの責任制限（一包当たり500米ドルまで）となっている。上記のSDR（Special Drawing Rights：特別引出権）とは，国際通貨基金（International Monetary Fund：IMF）の準備資産を指す。SDRの換算レートは，IMFがアメリカドル，ユーロ，イギリスポンドおよび日本円の４通貨のバスケット方式（通貨の相場の加重平均）によって決定する。

3．運送契約上の責任主体

外航船舶の船荷証券は，有価証券としての性質を有するが，いわゆる文言証券ではないことを理由に，船荷証券上の運送人が誰であるかを特定するに当たっては，船荷証券上の記載を重視すべきであるとしても，当該契約成立の際の事情をも考慮して運送人に当たるかどうかを判断するのが相当である。

本CASEに関する第一審判決（平成３年３月19日東京地方裁判所判決。判例時報1379号134頁）は，運送人を船主とする本件船荷証券の記載の通りの効力を否定すべき事情は発見できないから，本件船荷証券は，その文言の通り，船主であるY２を運送人とするものであって，定期傭船者であるY１は，本件船荷証券上の運送人ではないものというべきであるとして，Y１に対する請求は失当とし，Y２に対する請求についても本件貨物に生じた損害はY２の責に帰すべき事由によるものではないとして，いずれの請求も棄却した。そして，控訴審判決（平成５年２月24日東京高等裁判所判決（民集52巻２号651頁））もXの控訴を棄却した。最高裁判所は上告人Xの請求を棄却して，ニューヨーク・プロデュース書式に基づく定期傭船契約の下で発行された船荷証券の上部に定期傭船者の社名の表示があったとしても，船荷証券が「船長のために」という文言を付して署名され，約款にデマイズ条項が挿入されている等，船荷証券に運送人を固有にかつ明確に特定し得る事項が存する場合には，前記船荷証券上の運送人が定期傭船者であると解することはできないと判断した。

REMARKS

　船荷証券（Bill of Lading）は，船積書類の１つであり，船会社など運送業者が発行し，貨物の引き受けを証明し，当該貨物受取りの際に必要な引換証である。また，船荷証券は，運送品引渡請求権が表章された有価証券としての性格を有する。なお，船荷証券は，運送業者と荷主との間で運送条件を示した運送契約書でもあるが，定期傭船者の代理店が「船長のために」という文言を付して船荷証券に署名する場合は，船主を運送人とする趣旨と解すべきである。

【参考文献】

箱井崇史『基本講義　現代海商法　第４版』（成文堂，2021年）
浜谷源蔵＝椿弘次『最新貿易実務　補訂新版』（同文舘出版，2008年）

CHAPTER 11　国際航空貨物運送と法

［航空貨物紛失事件］

FOCUS

　複数の荷主の貨物を集荷し，航空会社から借り受けたスペースに搭載して，混載輸送を行う事業者を混載事業者（Air Freight Forwarder）という。混載事業者は，荷主から貨物を集荷すると，その荷物についてのハウス・エアウェイビル（House Air Waybill）を荷主に交付する。なお，航空会社からは，混載業者あてに機体に積み込んだ荷物をまとめたマスター・エアウェイビル（Master Air Waybill）が発行される。このエアウェイビル（航空運送状）は，航空貨物の運送契約を示す書類であり，運送契約締結の証拠書類，運送物品の受託証，運賃・料金の明細書・請求書，税関申告の書類などの役割を有する。ただし，船荷証券（Bill of Lading）とは異なり，有価証券としての性質を有しない。

　さらに，エアウェイビルの裏面には，国際航空貨物運送の骨子となる契約条項が記載されている。航空会社が発行するマスター・エアウェイビルの裏面には，IATA決議600b号に基づき，「運送人の定義」，「国際航空運送についてのある規則の統一に関する条約（Convention for the Unification of Certain Rules Relating to International Carriage by Air：通称ワルソー条約）およびモントリオール第4議定書に基づく運送人の有限責任」，「貨物の損傷・滅失・延着に対する過失責任」，「出発地空港までまたは到着地空港以遠の運送」，「運賃・諸費用の支払と通関」，「荷主保険」，「引渡しと到着通知」，「損害賠償請求の期限」，「法令の遵守」，「約款修正の禁止」などが規定されていて，混載業者が発行するハウス・エアウェイビルの裏面もほぼ同様の約款が記載されている。

　国際航空貨物運送における貨物の滅失・毀損についての運送人の責任について本CASEにおいては，1929年に制定されたワルソー条約（1955年に改正される以前の条約を「旧ワルソー条約」という）が適用された。本条約は，出発地および到着地の双方が当事国である国際航空貨物運送に適用され，責任原則としては

過失推定主義を採用し，損害賠償責任の限度額を定めている。

KEYWORDS

ワルソー条約，利用運送契約，貨物海上保険，航空運送状（エアウェイビル），
責任制限規定，ヒマラヤ条項

CASE[1]

日本法人のA（輸入者）は，アメリカ法人のB（輸出者）からコンピューター等を
購入し，その代金を支払った。そして，Aは運送人であるCと，本件製品につき，B
を荷送人，Aを荷受人として，アメリカのサンフランシスコから日本国の成田空港ま
で運送する旨の運送契約（利用運送契約）を締結し，Cに対して本件製品を引き渡す
とともに，同社から航空運送状（エアウェイビル）の交付を受けた。

同日に，Cは被告Y（ノース・ウエスト・エアラインズ・インコーポレイテッド
（いわゆる実行運送人））と本件製品につき，荷送人をC，荷受人をAとして，上記運
送に関する契約（いわゆる実行運送契約）を締結し，同日，Yに対して本件製品を引
き渡すとともに，Yより航空運送状（マスター・エアウェイビル）の交付を受けた。
被告Yは，本件製品受領後の保管，飛行機への搬出入作業または輸送の際に本件製品
を紛失した。

原告Xは（保険会社）は，本件製品の運送に先立ち，Aとの間で，本件製品を目的
とする貨物損害保険契約を締結した。Xは，本件保険契約に基づき，Aに対して保険
金を支払い，AがYに対して有していた不法行為に基づく損害賠償請求権を代位取得
した。

XはYに対し，不法行為に基づく損害賠償を求めたのに対し，Yは，条約ないし運
送契約約款上の責任制限規定の適用を主張してこれを争った。

裁判所は，ワルソー条約が定める「運送人」は，原則として契約運送人（混

1　平成11年10月13日東京地裁判決（判例時報1719号94頁，金融・商事判例1093号45頁）。

載事業者）を指すが，利用運送契約と実質的に同一内容の実行運送契約が密接な関係をもって締結されているといった特段の事情が認められる場合には，実行運送人（航空会社）も契約運送人と同様にワルソー条約第22条第2項本文所定の運送人の責任制限に関する規定の適用を受けると判断した。そして，裁判所は，国際航空貨物運送における実行運送人の責任を，ワルソー条約第18条の規定に基づき認定している。

1．旧ワルソー条約の解釈

　裁判所は，本CASEにおける運送契約は，出発地をアメリカ国内，そして到着地を日本国内とする航空機による貨物の運送契約であり，その両国はいずれも旧ワルソー条約の締約国であるから，運送契約の法律関係については，旧ワルソー条約が適用されると判断した（同条約第1条第2項前段）。

　そして，旧ワルソー条約は，その前文にも明記されている通り，「国際航空運送の条件を，その運送のために使用する証券及び運送人の責任に関し，統一的に規制することが有益である」との観点に立って作成され，締結されている。同条約第21条は，「被害者の過失が損害の原因となったこと，または原因の一部となったことを運送人が証明したときは，裁判所は，自国の法律の規定に従い，運送人の責任を免除し，又は軽減することができる」と規定し，また，その第25条第1項は，「運送人は，損害が，運送人の故意により生じたとき，又は訴えが係属する裁判所の属する国の法律によれば故意に相当すると認められる過失により生じたときは，運送人の責任を排除し，又は制限するこの条約の規定を援用する権利を有しない」と規定している。しかし，裁判所は本CASEについて，損害は運送人の故意によって生じたものではないと判断した。

2．旧ワルソー条約の責任制限規定の適用の有無について

　旧ワルソー条約第18条第1項は，「運送人は，託送手荷物又は貨物の破壊，滅失又はき損の場合における損害については，その損害の原因となった事故が航空運送中に生じたものであるときは，責任を負う」と規定し，同条約第22条第2項は，その場合の「運送人の責任は，1キログラムについて250フランの額を限度とする」として，運送人の責任が制限されることを規定している。

　そして，同条約第24条第1項は，「第18条及び第19条に定める場合には，責任に関する訴えは，名義のいかんを問わず，この条約で定める条件及び制限の下にのみ提起することができる」と規定しており，ここにいう「名義のいかんを問わず」とは，請求原因が契約責任，不法行為責任，その他の各国の国内立法による特別の請求原因のうちのいずれの原因に基づく請求であるかを問わない趣旨であると解される。

　ただし，旧ワルソー条約は，基本的には運送契約によって運送義務を負担する運送人の当該運送契約において対象とされている荷送人または荷受人に対する義務および責任等を定めたものであって，同条約が定める「運送人」とは，原則として，荷送人と直接運送契約を締結した契約運送人を指すものと解される。

　しかし，旧ワルソー条約が作成された当時と比べると，航空機による国際運送は著しい発展を遂げ，その量において著しく増加しているばかりでなく，その形態においても，荷送人から貨物を引き受けた運送人（契約運送人）自ら運送する形態のほかに，その運送人がさらに別の運送人（実行運送人）と契約を締結して運送するという形態も多く利用されるようになっている。本CASEについて，裁判所は，「契約運送人（混載事業者）と実行運送人（航空会社）たる被告Ｙとの間で利用運送契約と実質的に同一内容の実行運送契約が接着して締結されており，しかも，本件運送契約に基づく航空運送状の記載内容からすれば，本件運送契約締結の際に，本件運送契約と実質的に同一内容の実行運送契約が接着して締結されることが当然に予定されており，荷送人においてもそのことを認識していたか，少なくとも認識し得たものと判断される」と述べ，実行運送人（航空会社）は利用運送契約上の荷送人との関係では，原則として，条約上の「運送人」には当たらないと解されるが，上記の特段の事情（運送契約と実行運送契約が「接着して」，つまり密接な関係をもって締結されている事情）により，実行運送人である被告も，契約運送人と同様に，旧ワルソー条約第22条第2項本文所定の運送人の責任制限を受けるものと解するのが相当であると判断した。

3．ヒマラヤ条項について

　契約運送人の運送契約約款第4条と第7条には，いわゆるヒマラヤ条項が規定されている。ヒマラヤ条項とは，契約上の当事者ではない，運送に従事した関係者の利益を保護することを目的とした条項を意味する。つまり，ヒマラヤ条項は，運送契約において契約上の運送人の関係者（使用人，代理人および下請負業者）を，運送契約の相手方（荷送人，荷受人など）に対して負う責任から免責することとし，また運送人が享受できる契約上の保護について，運送に従事した関係者が，同様に保護を受けられる趣旨を規定している。本CASEについてXは，運送契約約款第7条は，契約締結時における当事者の意思に照らせば無効と主張した。すなわち，通常，運送人が履行補助者の免責の局面まで考慮に入れて運送契約を締結しているとはいえない上，ヒマラヤ条項は，航空運送状の裏面に極めて微細な文字によって定型的に印刷されているものであり，荷送人はその内容の確認すらせずに運送契約を締結することが多いことなどから当事者間で同条項について合意した事実はないという主張である。この点，裁判所は上記2によって実行運送人についても，運送人の責任制限を受けることを認めたため，ヒマラヤ条項の有効性に関してはその判決において触れなかった。

REMARKS

　国際航空貨物運送における運送人の責任および損害賠償の範囲については条約によって規律される。国際航空運送に関連する条約は，①ワルソー条約発効国152カ国（日本については1953年発効），②ヘーグ議定書（ワルソー条約改正）発効国137カ国（日本については1967年発効）および，③モントリオール条約発効国136カ国（日本については2003年発効）があるが，基本的にはエアラインの国籍等とは関わりなく，ⓐ出発地および到着地がそれぞれ異なる締約国の領域内にある運送，もしくはⓑ出発地および到着地が同じ締約国にある場合であっても，予定寄港地が他国の領域にある運送について上記の条約または議定書が適用される。例えば，日本で航空券が発券された場合は，モントリオール条約が適用される。同条約は1929年に採択されたワルソー条約において問題とされた規定を修正したもので，国際的な旅客，手荷物，貨物の輸送に関する規則の統一性と予測可能性を再確立するために採択された。

　この条約上，国際航空貨物運送において，貨物の一部滅失または毀損については，その貨物の受取りの日から14日以内に書面による苦情の申し立て（Notice of Claim）をしないときは，運送人の責任が消滅する（モントリオール条約第31条）。このように短い時間に制限されているのは原因調査の早期開始や時間経過による状況変化の防止の目的による。また，苦情の申し立ては，損害の詳細が未確定の間に損害賠償請求権を留保する目的で行われる。いずれにしても出訴期間は2年間（同第35条）であり，実務上この期間の延長は認められていない。

【参考文献】

ピーター・S. モレル著，木谷直俊ほか翻訳『国際航空貨物輸送』（成山堂書店，2016年）

CHAPTER 12　製造物責任と集団訴訟

［新薬製造物責任訴訟事件］

FOCUS

　無過失責任としての製造物責任（product liability）に関しては，まず1960
年代初めのアメリカで，fault（過失）を要件としない strict liability（厳格責任
または無過失責任）の一類型として判例で確立された。また，ヨーロッパでは製
造物責任の扱いについて各国で法制の差異があったところ，1985年にEC閣僚理
事会（当時）において製造物責任に関する法律の統一に関する指令が採択され，
その指令に基づき各国で製造物責任に関する立法がなされた。日本では，製造物
責任法（1994年）が制定される前は，民法が過失責任の原則を採用しているこ
とを前提に，製造物に欠陥が存在することをもって製造者の過失を事実上推定す
る方法により被害者の救済を図っていたが，同法の成立により，被害者は製造物
に欠陥があったことを主張することにより（製造者の過失を要件としない），損
害賠償責任を追及できることになった。

KEYWORDS

製造物責任，厳格責任，製造物責任賠償保険，懲罰的損害賠償（punitive
damages）

CASE

　新薬の開発には９年から16年もの長い年月がかかり，新薬発売の成功確率は
24,553分の１と極めて低い。しかも１品目当たり数百億円から１千億円の研究開発
費が必要となるといわれている[1]。

1　中井亨「新薬開発の成功要因と成功確率が企業行動に与える影響」（グローバルビジネス
　　学会）https://s-gb.net/contents/3377_01.pdf.

　武田製薬工業株式会社とそのアメリカ子会社（100％子会社。以下両者を「タケダ」という）は，アメリカにおいて２型糖尿病治療薬「アクトス」を製造販売していたが，同治療薬を使用した患者が，アクトスの投与が原因で膀胱がんになったと主張して訴訟を提起した。また，アクトスをめぐってはアメリカ食品医薬品局（FDA）が2010年，服用でがんにかかる危険性が高まる恐れがあると発表している[2]。タケダは当時，アクトスに関してがん発症リスクを隠した認識もなく，がんを引き起こす確かな根拠もないと反論していた。

　ルイジアナ州ラファイエットの連邦地裁の陪審は，2014年２月にタケダに対して60億ドルの懲罰的賠償金の支払を求めた。また，アクトスの販売についてのタケダの提携先であるイーライ・リリー社にも30億ドルの賠償金の支払を求めた。

　本事件については，そもそも本当にアクトスで膀胱がんのリスクが増加するのかという科学的根拠が乏しい点や，懲罰的賠償の金額が極めて大括りに決められている点など，多くの問題点が存在していた。

　その後，武田製薬工業はアクトスに関連して約9,000件の製造物責任訴訟を抱えるに至った[3]。そして，2014年４月にアメリカの連邦地裁の陪審は，アクトスの製造販売元であるタケダが24億ドルの和解金を支払うことで本事件は和解合意がなされたと発表した。本CASEに関連して武田製薬工業は和解金など総額3,241億円の引当金を2015年３月期決算に計上した。これによって，同社は1949年の上場以降初めての赤字決算となった。

1．製造物責任法およびPL訴訟について

　アメリカの製造物責任法（以下「PL法」という）は，連邦法ではなく各州の法律によって規定されている。したがって州によって差異はあるものの，PL法訴訟の被告となり得る範囲は，製品の製造者のみならず，その輸出業者や販売業者などその製品の流通に関与した当事者が広く含まれる可能性がある。PL法の特徴としては，製品の欠陥（それは設計上の欠陥や製造上の欠陥のみ

2　アクトスの副作用をめぐっては，ペンシルベニア大学などが10年間にわたって検証したデータがある。解析結果によるとアクトスの長期投与と膀胱がんとの関連性は認められず，タケダはこうした結果を食品医薬品局などに既に報告。タケダは「正しい処方で服用すれば安全性に問題はない」と説明している（2015年４月29日付日本経済新聞）。

3　2015年４月29日付日本経済新聞。

ならず警告または表示上の欠陥も含む）が存在すれば，被告側の過失の有無にかかわりなく責任を追及できる無過失責任に立脚している点のほか，製品の欠陥やその因果関係についての推定規定が存在するなど，被害者側の立証負担が軽減されている点に特色がある。さらに，被害者には製造者等に証拠の開示請求を認めているので，被告はその所有する設計図や製造試験の記録などを裁判所に提出することが求められる可能性がある。

　また，PL法上の責任は不法行為（tort）に基づくものであることから，たとえ契約において責任を排除し，もしくは制限したとしても，そのような特約は原告との関係において効力を有さない。

2．損害賠償額について

　損害賠償の内容は，損失の塡補賠償（compensatory damages）および懲罰的損害賠償（punitive damages）である。塡補賠償は，原告の医療費や事故による経済的損失，そして慰謝料をはじめとする非経済的損失の賠償で構成される。

　他方，懲罰的損害賠償であるが，主に不法行為に基づく損害賠償請求訴訟において，加害者の行為が強い非難に値すると認められる場合に，裁判所または陪審の裁量により，加害者に制裁を加えて将来の同様の行為を抑止する目的で，実際の損害の補塡としての賠償に加えて上乗せして支払うことを命じられる賠償のことをいう。PL法上の責任が認定される場合は，懲罰的賠償が認定される可能性が高い[4]。ただし懲罰的賠償金の上限については，コロラド州のように塡補賠償金を限度とする例，オハイオ州のように塡補賠償金額の2倍を限度とする州，ニュージャージー州のように35万ドルか塡補賠償金額の5倍のいずれか高い方の金額とする州など様々である。

　アメリカは，イギリス法を継承しているので，懲罰的損害賠償についても，比較的早い段階から判例法として確立されてきた。どのような場合にどの程度の懲罰的損害賠償が科されるかは，基本的には州のコモンローによる判断となるが，被告の行為が強く非難されるべき場合に，その行為の非難されるべき度

4　アメリカ食品医薬品局が認可した薬品に関するPL訴訟については，懲罰的損害賠償は認めないとする州も存在する。

合いを考慮しつつ，当該行為を抑止するのに充分な金額を基準としている。な
お，いかなる金額が懲罰と抑止という目的にかなうかを考慮するに当たり，被
告の資産の規模を考慮に入れる州が多い。現実に外資大企業に対しては特に高
額な懲罰的損害賠償額が認定される傾向は否定し難い。

　しかし，1980年代中頃から，各州の立法によって懲罰的損害賠償額に制限を
加えようという動きが高まっている。また，連邦最高裁判決により，過大な懲
罰的損害賠償額を認めることは連邦憲法の定めた適正手続保障に違反するとい
う判例が定着しているが，他方で懲罰的損害賠償を制限する州法は，州憲法に
違反して無効であるという主張がなされることが多い。連邦最高裁判所の判例
によれば，過剰な金額の懲罰的損害賠償を認めることは，憲法上の要請である
法に基づく適正手続きの保障原則に反するとされる[5]。

3．陪審制度

　民事訴訟における陪審制を1933年に原則廃止したイギリスと異なり，アメリ
カでは民事訴訟においても陪審制が維持されており，懲罰的損害賠償額の認定
も，事実認定の一部として原則として陪審が行う。陪審は，懲罰的損害賠償の
可否とその算定基準に関する基準について裁判官から説示（jury instruction）
を受けた上で判断するが，説示は陪審に一般的基準を示すのみで厳密な算定方
法を強制するものではない。そのせいもあって，ときとして，被害者の窮状や
加害者の行為を感情的に反映した過大な懲罰的損害賠償が命じられることがあ
る。著名な事例としてマクドナルド・コーヒー事件（1992年）がある。これは
当時79歳の女性がニューメキシコ州のマクドナルドのドライブ・スルーでテイ
クアウト用の朝食を購入した後（マクドナルドの駐車場で停車しているとき
に），コーヒーを膝の間に挟み，ミルクとシュガーを入れるためにコーヒーの
蓋を開けようとしたが，カップが傾いてしまい，コーヒーがすべて彼女の膝に
こぼれ，第Ⅲ度の火傷であると診察された事件である。マクドナルドのコー
ヒーが客に提供される際の温度は摂氏約85度だが，家庭用コーヒーメーカーの

5　連邦最高裁判所の判例：Cornell Legal Information Institute BMW of N. Am. Inc. v.
　　Gore, 517 U.S. 559, 574-585（1996）; State Farm Mut. Auto. Ins. Co. v. Campbell, 538 U.S.
　　408, 425（2003）.

コーヒーの温度は概ね摂氏約72度であったことや，コーヒーを渡す際，マクドナルドはなんら注意をせず，またカップへの注意書きも目立たないこと等を勘案して，填補賠償認定額20万ドルの80％に当たる16万ドルを本来の填補賠償額として，またマクドナルドのコーヒー売上高の2日間分に相当する270万ドルを懲罰的損害賠償額として，それぞれ支払を命じる評決が下された。しかし，判事は評決後の手続きで懲罰的賠償額を「填補賠償額の3倍」に当たる48万ドルに減額を命じ，最終的にはマクドナルドに合計64万ドルの賠償金支払を命じる判決が下されたが，その後，60万ドルで当事者間に和解が成立した模様である。

　陪審による裁判は，民事事件についてもアメリカで保障された権利であり，契約上の責任については，予め仲裁条項を規定することによって陪審制度が適用されない仲裁手続において対応することは認められるが，それ以外の責任，つまり製造物責任の追及や不法行為責任に基づく訴訟については，陪審制度の適用を避けることは不可能である。

4．クラスアクション制度について

　クラスアクションは，ある商品の被害者など共通の法的利害関係を有する地位（これを「クラス」という）に属する者の一部が，クラスの他の構成員の事前の同意を得ることなく，そのクラス全体を代表して訴えを起こすことを許す訴訟形態である。原告は，クラス全員の請求権の合計額を訴求できる。また，既判力を含む判決の効力は，訴訟行為をしなかった者も含めて同じクラスに属する者全体に当然に及ぶ。クラスに属する者が裁判の結果に拘束されないためには，訴え提起の通知を受けた時に自ら除外を申し出ておく必要がある（これらの原告を「opt-out原告」という）。アメリカでは弁護士報酬について成功報酬を基礎として取り決めることも少なくないことから，高額の報酬を見込むことが可能なクラスアクションを専門とする弁護士も存在する。

5．ディスカバリー制度について

　ディスカバリー制度は，訴訟が開始した後に，裁判所の関与なくして，訴訟の関連証拠について双方で開示しあう制度であり，本制度の趣旨は，訴訟手続

きにおける不意打ち防止と真実の発見といわれている。そこで，どの範囲の関連証拠を開示するかは，通常は原告・被告双方の弁護士間で話し合うことにより決定されるが，書面だけではなく，2006年12月1日の米国連邦民事訴訟規則改正によって，訴訟当事者が電子形式で保存した情報（Electronically Stored Information）についても開示が要求されることになった。また，証人尋問（deposition）も可能であり，例えば証人尋問の様子をビデオに撮るなどして，証人が法廷で述べた内容と異なる内容を証言することを予防することが可能となっている。上記に関連して，陪審裁判への対応について助言サービスを提供するjury consultantsや電子情報の検索や開示に関する役務を提供するe-discovery serviceを起用した場合の訴訟費用は高額になる。

　他方で，ある統計によれば，提起された訴訟の90％以上が和解で終結しており，トライアル（法廷で証人尋問などを行った上で裁判所が判決を下す手続き）にまで訴訟が進行する事例は全体の10％程度と見られている。

6．PL保険制度

　製造物責任賠償保険（PL保険）を付保することでリスクヘッジを図ることは，特に海外で事業展開を図る企業にとって重要であろう。万一事故が発生した場合は，保険会社は，付保される保険の種類や特約にもよるが，一般に，①現地の弁護士の選定，②訴状の内容の検討と対応，そして，③関連調査や和解交渉を実施する。

　また，PL責任を含む企業活動に伴うリスクを包括的にカバーする保険として，企業総合賠償責任保険（CGL：Commercial General Liability）を付保することも選択肢の1つであろう。

REMARKS

　懲罰的損害賠償は，高額の賠償金で加害者を「懲らしめる」と同時に，世間への「見せしめ」として再発防止を広く知らしめることを目的としている。本CASEにおいて，当初の60億ドルという高額な賠償金額は，わずか45分間で陪審が決めてしまった[6]。タケダ等に支払が命じられた懲罰的賠償額90億ドルは，エクソンモービルが1989年のヴァルディーズ号原油流出事故[7]でアラスカ州の陪審が科した50億ドルを上回る金額水準である。

　民事事件における陪審制度はアメリカの裁判制度の極めて特徴的な制度であり，外国の大手企業に対して陪審員（一般市民）の反感感情が作用しているとの見方が支配的である。本CASEについては，信頼に足る科学的根拠を示して議論が尽くされることはなかった。武田製薬工業は，そのプレスリリースを通じて，「当社は，本訴訟における原告側の主張には根拠がないものと考えており，当社の法的責任を認めるものではありません」と表明している。原告の主張に根拠がないとしながら，巨額の賠償に応じたのはリスクマネジメントに向けた苦渋の選択であったように思われる。

【参考文献】

佐藤智晶『アメリカ製造物責任法［アメリカ法ベーシックス］』（弘文堂，2011年）

6　2014年4月9日付Reuterによれば，陪審はわずか11時間10分で14項目の問題すべてについて武田等に責任があると結論づけ，その後45分で賠償額を決定した。

7　原油タンカーエクソン・ヴァルディーズが座礁により積荷の原油を流出させた事故で，当時海上で発生した人為的環境破壊のうち最大級のものとみなされていた。事故のあった地域はサケ・ラッコ・アザラシ・海鳥の生息地である。

CHAPTER 13　国際裁判管轄

［売買代金不払い事件］

FOCUS

　2014年４月から施行されたわが国の改正民事訴訟法の下で国際裁判管轄に関して明文の規律がなされた。同法によると、裁判管轄に関して当事者間で合意が存在する場合には、原則としてその合意に基づく管轄が認められる（民事訴訟法第３条の７第１項）が、その合意は原則として書面によることが必要（同法第３条の７第２項）であり、また、同法の規定によって日本に裁判管轄があると定められる場合でも、裁判所は、事案の性質、被告の応訴負担の程度、証拠の所在地、およびその他の事情に鑑みて、当事者の衡平が害されたり、または適正・迅速な審理の実現を妨げられたりする等の特段の事情が認められるときは、その訴えを却下することができる（同法第３条の９）。

　国際ビジネスにおいて当事者間で紛争が生じ、それが当事者間で友好的に解決できない場合に備えて、紛争解決の手順を合意し、契約書に規定することは、効率的で公平な紛争解決に役立つ。そこで、まずどのような紛争解決手続きを採用するか検討する必要があるが、本CHAPTERでは、裁判所における紛争解決方法である訴訟について検討する。紛争の解決に向けて裁判所に訴えを提起する権利は、いずれの当事者にも保障された権利であるが、合意管轄（契約当事者が合意により予め定めた裁判所）によって訴えを提起できる裁判所が明確になる。また、専属的管轄裁判所について合意する場合は、当事者間で合意された裁判所以外で提訴することは原則として認められない。ただし、この場合であっても、ある国の裁判所で得た判決を、当該国以外の国で執行するためには、その執行国における法律に従った判決の承認と執行の手続きが必要となる。

KEYWORDS

代金支払債務の履行地，国際裁判管轄，裁判管轄合意，専属的裁判管轄，非専属的裁判管轄，交差型管轄規定，被告地主義型管轄規定

CASE[1]

　日本法に基づき設立された法人Ｘ（原告）が，カリフォルニア州法に基づき設立された法人Ｙ（被告）に対し，被告Ｙとの間のアメリカにおける飲料水の継続的売買契約に基づき販売した清涼飲料水の代金の支払を求めて日本の裁判所に訴えを提起した。Ｘは，本件売買契約の代金の支払義務の履行地は日本国内にあるとして，日本の裁判所には本件訴訟の管轄権がある旨を主張した。これに対し，Ｙは，日本の裁判所には本件訴訟について管轄権がないから，本件訴えは却下すべきであり，仮に管轄権があるとしても訴えを却下すべき特別の事情があると主張した。

　裁判所は，商品代金の支払がUSドル建てで請求されているなど，契約や取引の内容に照らすと当事者間においてアメリカ国内を履行地と解釈するのが自然であり，債務履行地が国内である場合のわが国の裁判管轄権を定めた規定（民事訴訟法第３条の３第１号）の前提となる事実を欠くので，日本の裁判所の管轄権を認めることができないとしてＸの請求を却下した。

1．本CASEの解説

　当事者間で締結された清涼飲料水売買契約には，準拠法に関する規定も，裁判管轄に関する条項も存在しなかった。「契約において定められた当該債務の履行地が日本国内にある」場合は，日本の裁判所は管轄権を有するが，本件売買契約には商品代金支払方法についての規定が存在しないところ，ＸはＹに対して代金の請求書を被告に送付した。本件請求書には，振込先として「三菱東京UFJ銀行Ｅ支店」の口座番号が記載されていたので，Ｘは，債務履行地は日本であると主張したが，裁判所は，「当事者間にこの銀行口座に送金をする旨

1　平成25年12月25日東京地裁判決（平成24年（ワ）第30018号）および平成26年３月27日東京高裁判決（平成26年（ネ）第555号）（控訴棄却）。

の合意があったことを裏付ける証拠はなく，また，被控訴人［Y］が上記銀行口座に現実に送金をしたことを裏付ける証拠もないから，上記請求書の送付をもって，代金支払債務の履行地が日本の東京であるとする黙示の合意が成立したものと認めることはできない」と判断した。

　また，裁判所は，XのYに対する飲料水の引渡しは，Yのアメリカ国内における倉庫に納入した製品を，Yがその客先に転売した時点で行われることとされ，さらに商品代金も，Xがアメリカ国内の倉庫に納入した飲料水について発生したものであり，その支払はUSドル建てで請求されているなど取引の内容に照らして判断すると，本件売買契約の準拠法が日本法であるか否かにかかわらず，当事者間においては，代金の支払債務についても，アメリカ国内を履行地とすると解釈することが自然であると判断した。以上から裁判所は，本件訴えについて日本の裁判所の管轄権を認めることはできないと結論づけている。

2. 合意管轄条項[2]

　本CASEの問題点は，当事者間の売買契約における紛争解決条項の欠如に起因する。国際ビジネスにおける紛争が生じた際に，話し合いで解決できない状況も少なくないので，紛争解決手段について合意することは本CASEにみられるリスクを回避する上でも重要である。訴訟は，多くの国で複数の階層的審判が実行されており，一審の判決に不服がある場合は上訴することが可能であり，通常は公開の法廷で審理される。また，仲裁の場合は，特定の専門能力を持つ仲裁人が存在する一方で，裁判所の裁判官には多様な専門性は期待できないなど紛争解決の形態による差異がみられるが，以下では訴訟を選択した場合の裁判管轄の合意の方式について解説する。なお，合意管轄条項には，①当事者が特定の裁判所の管轄に合意する場合（これには専属的管轄合意条項（Exclusive Jurisdiction Clause）と非専属的管轄合意条項（Non-exclusive Jurisdiction Clause）とがある），②被告地主義に基づき管轄合意を行う場合（交差型管轄合意条項），そしてあまり一般的とは言い難いが，③一方の当事者のみが排他的専属合意を行う非対称型管轄合意条項（One-way Jurisdiction Clause）の3

2　"Jurisdiction Clause"または"Forum Selection Clause"等とも称される。また契約書中では"Dispute Resolution Clause"というタイトルの下で規定されることも多い。

種類の方法が考えられる。③については融資契約書などを想定した条項である。融資金の貸主は，その借主が融資金を返済しない場合には訴訟を通じて回収せざるを得ない。この場合，借主が資産を有する国において訴訟を提起することが効率的であり，非対称型管轄合意条項は，その目的のために貸主にとっては，様々な国において訴訟を提起することを可能にする手段である。したがって，融資契約における貸主のように，一方の当事者が他方当事者との関係においてより強い交渉力を持っているような場合に限定されるであろう。

（1）非専属的管轄合意条項の例

一般的に使用される管轄合意条項は次のような内容である。

> "Any and all disputes arising out of or in connection with this Agreement, including but not limited to disputes on the validity, enforceability and termination of this Agreement and consequences of that termination, shall be submitted to the jurisdiction of the Commercial Court in Zurich, Switzerland, provided, however, that either Party may also bring the dispute before any other court of jurisdiction."
>
> 本契約に起因または関連して発生するすべての紛争（これには本契約の有効性，執行可能性，終了，およびその終了の効果に関するものを含むがこれらに限定されない）は，スイスのチューリッヒの商事裁判所の管轄に服するものとする。ただし，いずれの当事者も他の管轄裁判所に訴訟を提起することができる。

（2）専属的管轄合意条項の例

専属的管轄合意条項は，特定の裁判所に排他的な管轄を合意するものであるが，イギリスの裁判所を専属的裁判所に指定する条項例は以下の通りである。問題はいずれの裁判所を指定するかであるが，効率的に適正な判決が期待できるかどうかを考慮するとともに判決の執行可能性を重視して決定すべきであろう。例えば相手方の資産がイギリスまたはイギリス連邦内に存在する場合にはイギリス裁判所の判決の執行は効果的であると考えられる[3]。

"Each of the Parties irrevocably agrees that the courts of England shall have exclusive jurisdiction to hear and decide any suit, action or proceedings, and/or to settle any dispute, which may arise out of or in connection with this Agreement or its formation or validity."

　各当事者は，本契約ならびにその成立または有効性に起因または関連して発生する可能性のある訴訟その他の手続きについて，イングランドの裁判所が専属的管轄権を有することに合意し，その合意は撤回できないものとする。

（3）非対称型管轄合意条項の例

　前述の通り，交渉力が強い当事者は下記のような非対称型条項を主張するであろう。例えばM&A取引の買主が売主の補償義務違反を原因として損害賠償請求訴訟を提起する場合は，売主の資産がどこに所在するか調査した上で，当該資産所在地を管轄する裁判所に訴えを提起することが効率的である。他方で裁判所によっては当事者間の公平性等の観点から非対称型合意管轄を認めない場合もあるので注意が必要である。

(ⅰ)　Subject to Item (ⅱ) of this Article, the parties irrevocably agree that the courts of England are to have exclusive jurisdiction for the purpose of hearing and determining any suit, action or proceedings and/or to settle any disputes arising out of or in any way relating to this Agreement or its formation or validity (hereinafter referred to as the "Proceedings") and for the purpose of enforcement of any judgment against its property or assets.

3　EU Regulation 44/2001（"Brussels Regulation" は全EU加盟国の裁判管轄に関する規則）およびLugano Convention on Jurisdiction and the Enforcement of Judgements in Civil and Commercial Matters（the Lugano Convention（EU加盟国とEFTA諸国（スイス，アイスランドおよびノルウェー））間の裁判管轄に関する条約）に基づく。

(ii)　Nothing in this Article shall (or shall be construed so as to) limit the right of Party A to take Proceedings against Party B in the courts of any country in which Party B has assets or in any other court of competent jurisdiction nor shall be taking of Proceedings in any one or more jurisdictions preclude the taking of Proceedings in any other jurisdiction (whether concurrently or not) if and to the extent permitted by applicable law.

(i)　以下の(ii)項に従うことを条件として，両当事者は，本契約またはその成立および効力に起因または関連する紛争の解決を目的とした訴訟またはその他の手続き，または当事者の財産もしくは資産についての判決の執行を目的とした訴訟またはその他の手続き（以下「本手続き」と総称する）について，イングランドの裁判所が専属管轄権を有することに合意する（その合意は撤回することができない）。

(ii)　本条のいかなる規定も，適用される法令の限度内で，当事者Bが資産を有する国の裁判所または管轄権を有するその他の裁判所において，当事者Aが当事者Bに対して訴訟を起こす権利を制限するものではない（本契約はそのように解釈されるものとする）。

（4）交差型管轄合意の例

　これはいわゆる被告地主義型と称される管轄合意である。例えば，Party A はフランス法人であり，Party Bが日本法人の場合は次のような条項が考えられる。交差型規定の有効性が否定される可能性は低いと考えられるが，上述の通り，例えばParty Bが日本で訴訟を提起した後に，Party Bがフランスで訴訟を提起することにより訴訟競合が生じるリスクについてこの条項は回避できない。

"All disputes which arise between the Parties, out of or in connection with this Agreement shall be solely resolved by the Tokyo District Court if Party A files the lawsuit, or in the First Instance Court of Paris if Party B files the lawsuit."

　本契約に起因または関連して両当事者間で発生するすべての紛争は，当事者Aが訴訟を提起した場合は東京地方裁判所によって，また当事者Bが訴訟を提起した場合はパリ第一審裁判所によってのみ解決されるものとする。

REMARKS

　国際ビジネス契約における紛争解決条項は，関係当事者の契約交渉の最終段階で議論されることが多いが，当該条項は契約に規定された当事者の権利を実現するために重要な役割を担っている。当事者間で紛争が発生したとき，当事者は当然にもっとも効率的で費用のかからない解決手段である話し合いによる解決を望むであろう。これを一歩進めて訴訟以外の代替的な紛争解決手段も検討すべき課題である。

　現在のところ法的拘束力を有する紛争解決手段は，訴訟と商事仲裁手続きである。M&A契約に関する調査であるが，国際法律事務所が200件ものM&A事例を調査した結果によれば，契約に規定される紛争解決手段は，ドイツ，フランス，イタリア，オランダ，オーストリア，中欧・東欧諸国，ロシア，中国，中東諸国などでは仲裁が一般的である一方，アメリカ，スペイン，香港では，少なくともクロスボーダー案件では仲裁が一般的になりつつある（国内案件では裁判手続きが主流）であるという。そして，イングランドやベルギーでは仲裁・裁判の両方の手続規定がみられる模様である。一概にいずれが優れているとは断定できないが，紛争解決手段の決定に際しては，様々な要因を勘案して多角的な検討が必要である。

【参考文献】

小林秀之＝村上正子著『新版　国際民事訴訟法』（弘文堂，2020年）
古田啓昌『国際民事訴訟法入門』（日本評論社，2012年）

CHAPTER 14　国際商事仲裁による紛争処理

[国際業務提携契約の破棄事件]

FOCUS

　国際ビジネスに関連する多くの商事紛争は商事仲裁によって解決される。それは，仲裁においては専門性の高い信頼できる仲裁人を当事者が指定することが可能である（裁判手続きにおいて当事者は裁判官を指名できない）ことに加えて，仲裁の方が裁判と比較して手続きが迅速であり，また短期間で判断が下されるために手続全体を通じて企業が負担する費用も相対的に低廉であることによる。また，裁判と異なり非公開が原則であるので，情報の公開を望まない当事者にとっては，その意味でも好都合であろう。しかし，商事紛争を仲裁に付託するためには，当事者間に「仲裁合意」が存在することが必須である。

　また，仲裁という形態による問題解決について仮に合意されたとしても，仲裁地の選定や使用言語，その他仲裁手続きの詳細をめぐって合意が整わない可能性が大きい。そこで，国際商事契約には多くの場合，仲裁条項が規定される。つまり，当事者間の紛争については仲裁によって解決することを予め合意するのである。しかし，仮に契約書に仲裁条項が規定されていても，その条項に不備があれば仲裁に付託することが困難になることから，仲裁条項は注意深く起案されなければならない。

KEYWORDS

国際商事紛争，国際商事仲裁，常設仲裁機関，仲裁合意，仲裁条項，仲裁人仲裁法

CASE

　日本の自動車メーカー「スズキ自動車」とドイツの自動車メーカー「フォルクスワーゲン」は2009年に両社間でFramework Agreement（業務提携契約）を締結し，本契約に基づき環境技術や小型車開発の分野における業務提携を推進した。その後，フォルクスワーゲンはスズキ自動車の発行済み株式の19.9％を取得し筆頭株主となったが，2011年頃から事業の支配関係や技術情報開示をめぐり両者間の提携に溝が生じ，その後，スズキ自動車がイタリアのフィアットからディーゼルエンジンを購入したことについて，フォルクスワーゲンは上記協定違反であると主張するなど対立が表面化した。スズキ自動車は提携関係が事実上破綻した以上，フォルクスワーゲン社はスズキ自動車株をスズキ自動車に売り戻すべきであると主張して両者の対立が激化した。

　この問題の解決を図るためにスズキ自動車は，2011年9月に，業務提携関係の解消を申し入れたが，この提携の証であったスズキ自動車株の買戻しについて，フォルクスワーゲンは応じなかった。このため，スズキ自動車は同年11月にロンドンに所在する国際仲裁裁判所に提訴していた。2015年に国際仲裁判所が両社に仲裁判断を通知した。この仲裁判断の主な内容は，①包括提携の解除を認める，②フォルクスワーゲンに保有するスズキ株の売却を命じる，そして③フォルクスワーゲンが主張していたスズキの技術関連の契約違反について一部認め，損害賠償額を含め引き続き審議する，の3点であった。

1．代替的紛争解決手段としての仲裁について

　本CASEは，私企業間で生じた商事紛争に関する，裁判の代替的紛争解決手段である国際商事仲裁の一例である。上記Framework Agreementは，本協定が締結された背景から推測すると，本来は世界の自動車市場で激しく競争しているスズキ自動車とフォルクスワーゲン社が，小型車開発等の分野で協力してWin-winの関係を構築する意図で締結された協定であり，その締結当時は，よもや本協定の解釈をめぐり法的紛争に発展するとは予想し難かったであろう。

　しかし，本協定またはそれに関連するいずれかの書類に仲裁合意に関する条項（仲裁条項）が規定されていたことは想像に難くない。なぜなら仲裁合意が

存在しなければ，紛争発生後に当事者間で仲裁付託について合意されない限り仲裁手続きは開始されないからである。そこで注意すべきは，具体的紛争の内容や紛争発生の時期によって，仲裁によって自らに有利な解決が望めるであろうと期待する当事者と，そのように判断せず訴訟による紛争解決を望む当事者と判断が分かれることが一般的であるという事実である。つまり，柔軟な手続きによる仲裁によるよりも，厳格な法的手続きの下で裁判官が法に照らして判断することによって，自らに有利な結果が期待できると考える当事者もいるであろう。したがって，予め国際ビジネス契約に仲裁条項が規定されていない限り，紛争発生後に当事者間で仲裁付託合意がなされる保証はないということである。

　なお，訴訟と比較しての仲裁の特色は図表14－1に示す通りである。

図表14－1　仲裁と訴訟との比較

	仲裁	訴訟
仲裁人・裁判官の選定・指定	当事者が国際ビジネスの専門家から仲裁人を選ぶことが可能である。一般の大型案件では，各当事者が1名の仲裁人を指名し，それらの仲裁人が協議してさらに1名の仲裁人を指名する。	当事者が裁判官を指定することは不可。また担当判事が国際ビジネスの専門家であるとは限らない。
判断基準・手続き	判断基準は当事者の合意により指定が可能。事案に即した解決が期待される。常設仲裁機関における手続きは当該機関が定める規則による。	判決の基準は実体法であり，法律に準拠した判断が期待できる。手続きは法廷地の法に準拠する。他方でアメリカ法（一部の州法）の下では懲罰的損害賠償が認められる可能性も否定できない。
控訴可能性と迅速性	一審限りであり迅速な手続きが期待される反面，判断に不服な当事者も当該判断を受け容れざるを得ない。	二審制や三審制をとる国が多い。原審に不服があれば控訴が認められる反面，確定判決を取得するまでに長期間を要する場合が少なくない。

手続的特徴	仲裁の手続きは，当事者の合意により決定することが可能であり，ディスカバリーの採否・採用の範囲等について当事者で合意が可能。この合意ができない場合は仲裁人が決定する。柔軟性が特徴であるが，これにより結果の予測が困難という側面も否定できない。	各国の民事訴訟法によって決まる。例えばアメリカ法の下では陪審制度が適用される可能性があるほか，ディスカバリーに高額な費用と長期間を要する可能性がある。また一部の新興国では裁判が長期に及び結審までに10年以上を要する場合も少なくない。
手続き・判断の非公開性	非公開が原則であり，仲裁判断も，当事者の合意がない限り公開されない。また当事者間で秘密保持義務を合意することも可能。	公開法廷で行うことが原則であり秘密として保持することは困難。
仲裁合意・管轄合意	一般に仲裁合意は防訴抗弁として機能する。仲裁地・仲裁機関・使用言語などを当事者があらかじめ合意することが多い。	当事者間の管轄合意の有効性については法廷地の法に基づき判断される。専属的・非専属的合意や非対称型・交差型など様々な合意形態を選択可能。

2. 仲裁合意は一般的合意と区別される

　国際取引の契約書に規定される仲裁条項は，仲裁合意の一例であり，取引当事者間で将来的に生じる紛争について国際仲裁によって解決を図る旨の合意である。

Sample Clause

All disputes, controversies or differences which may arise between the parties hereto, out of or in relation to or in connection with this Agreement shall be finally settled by arbitration in (name of city), in accordance with the Commercial Arbitration Rules of The Japan Commercial Arbitration Association.

> 　この契約からまたはこの契約に関連して，当事者の間に生ずることがあるすべ
> ての紛争，論争または意見の相違は，一般社団法人日本商事仲裁協会の商事仲裁
> 規則に従って，（都市名）において仲裁により最終的に解決されるものとする。

　有効な仲裁条項が規定されることによって，たとえ相手方が紛争解決のため
の訴訟を提起した場合であっても，仲裁により解決を図るべきであると抗弁
（防訴抗弁）することが可能となり，その結果，訴えは却下されることになる。
ここで，訴訟を望む当事者にとっては，仲裁合意によって「裁判を受ける権
利」を放棄する効果を生じることから，仲裁合意については一般的な合意とは
区別されて幾つかの要件が課されている。例えばわが国の仲裁法第13条第2項
は，「仲裁合意は，当事者の全部が署名した文書，当事者が交換した書簡又は
電報（ファクシミリ装置その他の隔地者間の通信手段で文字による通信内容の
記録が受信者に提供されるものを用いて送信されたものを含む）その他の書面
によってしなければならない」と規定しているので，当事者間で口頭による仲
裁合意があったとしても，そのままでは有効な仲裁合意とはみなされない。
　また，仲裁法第13条第6項は，「仲裁合意を含む一の契約において，仲裁合
意以外の契約条項が無効，取消しその他の事由により効力を有しないものとさ
れる場合においても，仲裁合意は，当然には，その効力を妨げられない」と規
定しており，その意味でも仲裁条項は，当事者の権利義務に関するその他の条
項とは独立した合意であることが理解できよう。

3．仲裁条項の準拠法

　わが国の仲裁法は，仲裁合意の有効性や効果，その適用範囲などについて規
定しているが，同法はわが国の国内法であり，各国の国内法である仲裁法の内
容は必ずしも統一が図られていない。そこで，当事者間の取引契約における仲
裁条項の有効性や適用範囲などの準拠法は，どのように決定されるべきかが検
討されなければならない。
　国際契約には，当事者が契約の準拠法を指定する「準拠法条項」が規定され
るので，仲裁条項の有効性や適用範囲についても，そこで指定された法令に準

拠すると考える説もあるが，必ずしもそのように理解すべきではない。先に述べた通り，仲裁合意は取引合意とは独立した合意である。そこで，仲裁条項でその合意の準拠法について明確な指定があれば，それに従うことになるであろうが，実務上は国際契約書において仲裁条項の準拠法を特別に規定する事例はあまり見当たらない。一般的には当事者間で選択された仲裁地における法令が，仲裁に関する当事者の仲裁条項に関する準拠法と考えるべきであろう[1]。

4．仲裁判断の承認と執行

　日本における外国仲裁判断の承認と執行は，2003年に制定され，2004年から施行された仲裁法により規律される。仲裁法第45条は，仲裁地が日本国内にあるかどうかを問わず，仲裁判断は，確定判決と同一の効力を有すると規定する。

　なお，仲裁判断に基づいて民事執行をするには，同法第46条の規定による執行決定がなければならないが，外国仲裁判断の承認と執行に関する二国間条約または多国間条約が存在する場合には，条約の規定が適用される。外国仲裁判断の承認及び執行に関する条約（通称ニューヨーク条約）は，1958年にニューヨークで作成され，わが国も1961年に批准している。同条約は，現在168の国と地域が加盟する多国間条約であり，国際商事仲裁の判断は加盟国においては，この統一条約に従って承認・執行の手続きが可能である。

　また，1927年のジュネーブ条約も，外国仲裁判断の執行を目的として作成された多国間条約であり，わが国は，同条約の加盟国でもあるので両者の関係が問題となる。この点について，ニューヨーク条約第7条第2項は，締約国がこの条約（ニューヨーク条約）により拘束される限度において，ジュネーブ条約は効力を失うと規定する。

　さらに，ニューヨーク条約締約国でない場合でもあっても，二国間条約が存在する可能性がある。ニューヨーク条約は，ニューヨーク条約よりも緩やかな要件を定める場合にのみ適用されると考えられている。

1　平成9年9月4日最高裁判所判決（最高裁判所裁判集民集第51巻8号3657頁）参照。

REMARKS

　国際ビジネス紛争について頻繁に活用される常設仲裁機関としてはICC（国際商業会議所）およびLCIA（ロンドン国際仲裁裁判所）のほか，アメリカ仲裁協会（AAA）やシンガポール国際仲裁センター（SIAC）があるが，中国案件では中国国際経済貿易委員会（CIETAC）が，ドイツおよびオーストリア案件の一部ではそれぞれの国内の仲裁機関が選択されるなど，その選択肢は多様である。また特定の常設仲裁機関を選択しないアドホック仲裁という選択肢も考えられる。アドホック仲裁においては，当事者が自ら作成した手続規則により仲裁を行うが，一般的には国際連合国際商取引法委員会（UNCITRAL）の仲裁規則が活用されている。ICC等の国際商事仲裁機関には，各々が推薦する仲裁条項があり，これらの活用を図るべきである。そこで，まずどの国際仲裁機関を選択するか，仲裁地（"seat of arbitration" あるいは "place of arbitration"）の選択，使用言語の選択，そして仲裁条項の準拠法の選択等が主として検討すべき事項であろう。

【参考文献】

大塚章男『国際取引における準拠法・裁判管轄・仲裁の基礎知識』（中央経済社，2019年）

シティユーワ法律事務所監修・前田葉子編著『Q&A法務担当者のための国際商事仲裁の基礎知識』（中央経済社，2018年）

フレッシュフィールズブルックハウスデリンガー法律事務所編『よくわかる国際仲裁』（商事法務，2014年）

CHAPTER 15　ADRの活用

[ADR合意の履行拒絶事件]

FOCUS

　裁判外紛争解決手続（Alternative Dispute Resolution：ADR）は，訴訟手続きによらない紛争解決方法を広く指す概念である。紛争解決の手続きとしては，「当事者間による交渉」と，「裁判所による法律に基づいた裁断」との中間に位置する。ADRは相手が合意しなければ行うことはできないが，紛争解決方法としては，あくまで双方の合意による解決を目指すものと，仲裁のように，第三者によって法的判断が示されるものとに大別される。

　調停は，調停人が示した和解案を拒否することができるが，仲裁判断は裁判の判決と同じ効力があり，当事者は拒否することができない。また控訴や上告等の不服申し立ての制度はなく，仲裁がなされたケースについて裁判を起こすことはできない。仲裁とは事前に当事者同士が仲裁を受けることに同意（仲裁合意）した場合に仲裁人が仲裁を行うものである。なお，調停に関するシンガポール条約（United Nations Convention on International Settlement Agreements Resulting from Mediation）は，国境を越えた企業間の紛争解決に当たって，両当事者が調停によって得られた和解合意に執行力を付与する多国間条約であり，2020年9月に発効した。従来は「訴訟」や「仲裁」といった紛争解決手段が用いられてきたが，今後はプロセスが迅速で費用が安いというメリットのある「調停」の利用が増えるであろう。

KEYWORDS

代替的紛争解決手続き（ADR），調停，調停合意，調停に関するシンガポール条約，国際商事調停モデル法，裁判外紛争手続の利用の促進に関する法律

CASE[1]

　X社（原告・控訴人）は，半導体メモリ媒体（DRAM）の製造販売を行う日本法人であるが，X社のアメリカにおける販売子会社であるA社が，半導体メモリの一種であるDRAM製品業界において，カルテル行為を行っていたとしてアメリカ司法省に摘発されたことから，A社とともにDRAM販売に関連する企業等への和解金等として約119億円を支払った。なお，A社にはB社およびC社（いずれも日本法人）のグループ会社がそれぞれ40％出資していたが，その後X社がこれらの株式を譲り受けX社の完全子会社となった。

　A社は，B社およびC社（両社の子会社も含む）との間で，本件カルテル行為の被害者が提起する民事訴訟等における和解金その他の損害の分担に関する分担契約（Judgement Sharing Agreement Civil Dram Cases）を締結している（同契約は日本法に準拠すると規定されている）。同契約において，契約当事者は和解金等について，「分担解決金の配分が適切かどうかについて交渉し，もし適切であればかかる分担解決金の公正かつ衡平な配分を決定することに合意する」と規定されている。そして，「かかる交渉によりかかる紛争が解決しない場合，各本当事者は，本契約第9条（注）に規定の手続きに従い手続きを進める権利を有する」ものとされていた。

　同条項には，ADR（調停）の手続きが規定されていたが，B社およびC社（その子会社も含めて被告等）は，同条に従った手続きを履践しないことから，X社およびA社（原告等）は，調停手続きを経ることなく契約上の分担解決金の支払を求めて訴訟を提起した。

注：第9条の条文は次の通り。「本契約は，すべての点において日本法に準拠し，日本法に従い解釈されるものとする。本当事者が本契約による分担解決金の配分方法につき意見を異にする場合（「本分担紛争」），当該本当事者は，かかる紛争に関して誠実な交渉を行うものとする。かかる交渉がかかる誠実な交渉の開始日から60日以内に当該紛争を完全に解決しない場合，一切の本当事者は，当該事件を中立的な日本の調停人に付託することができる。当該調停人は，本当事者らの合意により選出するものとする。調停人の選択について本当事者らが調停手続きの開始時から30日以内に合意に達することができない場合，一切の本当事者は，書面による要求を社団法人日本商事仲裁協会（「JCAA」という）に提出し，調停人の選出を要求することができる。かかる調停人は，日本語を母国語とし，日本の商取引に精通した者であるものとする。JCAAによる調停人の選択は，本当事者らを拘束するものとする。調停人が選出された後，本当事者らは，日本の商慣行の原理に従い，非拘束的な調停を行うものとする。調停によって当該紛争が完全に解決されない場合，本当事者らは，日本の裁判所において残りの問題を解決するためのあらゆる法的手段を開始

1　平成22年12月8日東京地方裁判所判決（判例時報2116号68頁）および平成23年6月22日東京高等裁判所判決（判例時報2116号64頁）。

　することに合意する」

1．本CASEの解説

　原審は，原告等が本件ADR条項に規定された調停手続を履践していない以上，本件訴えは不適法であるとしたが，控訴審においては，本件訴えは訴訟要件に欠けるところがなく，これを却下すべきとした原判決の結論は不当であると判断された。

　控訴審は，訴訟要件には，不起訴合意や仲裁契約の存否は含まれるが，本件ADR条項のような訴訟提起前に交渉および民間調停手続き（以下「本件ADR手続」という）を履践すべき合意の存否は含まれないのが通常であるとして，これに訴訟上の効力を認めることは，わが国の判例・学説上例をみない新たな訴訟要件の創造になると説く。そして，訴訟要件の欠缺という訴訟上の効力を認めるためには，憲法第32条に規定する国民の裁判を受ける権利を考慮しなければならず，本件ADR条項のように，訴訟を最終的な紛争解決手段として位置づけている合意については，それが履践されることなく提起された訴訟であっても，直ちに本案判決をする必要がないと断ずるには慎重でなければならないと判断した。また裁判所は，本件ADR手続きは，いずれも紛争を最終解決に導く保障がなく，またこれらは双方当事者にある程度の信頼関係が存在しないと円滑に機能しないことも勘案して，本件ADR条項に訴訟上の効力を認めるべきではないと述べている。さらに，①交渉や民間調停には時効中断効がなく，時効中断を確保したい当事者は，訴訟の提起以外に確実な方法を有しないこと，および，②本件訴えを不適法却下すると，当該当事者は訴訟を提起するために再び訴訟手数料を負担しなければならないことも判決の理由としてあげられている。

　控訴審は本件ADR条項の私法上の効力は，争点ではないことから判断すべき職責を有しないと述べながらも，本条項は私法上，努力規定，訓示規定にとどまり，紳士条項的な意味を有するのみと判断している。そして，これに何らかの訴訟上の効力を認めるとしても，裁判外紛争手続の利用の促進に関する法律第26条を類推適用して，当事者共同の申立がある場合に，４カ月の限度で訴

訟手続きを中止する権能を受訴裁判所に認めるにとどめるべきであるとの判断
を示した。

2. 紛争解決手段としてのADRの利点

　ADRは，コストがかさみ時間がかかる裁判手続きと比較して，低廉，迅速
かつ柔軟性のある解決策を見いだすことが可能であるとともに，秘密保持を図
りやすいことから，最近注目を集めている。締結された契約から生じる紛争に
ついて，当事者が自主的に誠意ある解決を図ることは当事者にとって望ましい
選択であり，効率や合理性を重視する企業取引にも適合する解決策であるとい
える。しかし，ADRについてはいまだに確立された定義がない。もっとも広
義にADRを捉えれば，当事者間の話し合いや交渉を含め，裁判以外の方法で
紛争解決が図られるすべての過程をADRと捉えることも可能であるが，例え
ばわが国の裁判外紛争手続の利用の促進に関する法律（通称ADR法）の第1
条は，ADRについて「訴訟手続によらずに民事上の紛争の解決をしようとす
る紛争の当事者のため，公正な第三者が関与して，その解決を図る手続」と定
義しており，同法の適用範囲を定めている。また，仲裁については，私的な裁
判の性格を有し，仲裁合意によって仲裁判断の当事者に対する拘束力および執
行可能性が各国仲裁法や諸条約によって認められているので，その他のADR
と区別すべきであろう。本件ADR条項は，広義のADRを前提としつつ，当事
者間の交渉によって解決しない場合には，中立的な専門家による調停を行うも
のと規定[2]しており，調停人の選択について合意できない場合は，日本商事仲

2　本件分担契約書第2.6条は，賠償金の分担について公正かつ衡平な配分について当事者間
　で合意に至らない場合に，"each Party shall have the right to proceed according to the
　procedure set forth in Section 9 of this Agreement" と規定しており，また第9条にお
　いては "any Party may then submit the matter to a neutral Japanese mediator" と規
　定していることから，原告は調停は当事者に与えられた選択肢にすぎず義務ではないと主
　張したが，被告等は上記表現は，当事者に交渉を継続するか，第9条に定める解決を求
　めるのかについて当該当事者の選択の余地を残した規定であり，他の手続きの選択を許
　容するものではないと反論した。この点について第一審裁判所は，上記 "may" や "shall
　have the right to proceed" などの規定は，手続きを段階的に履践することを義務づけた
　上で，各手続きで所定の期限が到来した場合にも，なお当該手続きを継続することを許
　容したものであると解するのが合理的であるとして，この点について被告等の見解を支持
　している。

裁協会に調停人の選択を委ね，「日本の商慣行の原理に従って（pursuant to principles of Japanese business practice）」非拘束的な調停を行うことが合意されている。以下，米国反トラスト法違反当事者によって締結される民事賠償責任分担契約の目的と機能について考察した上で，調停契約[3]の裁判所による執行可能性とその例外について検討する。

3．本事件の背景と本分担契約について
（1）民事賠償責任分担契約書について

　アメリカ反トラスト法違反行為については，司法省による刑事罰の積極的な適用に加えて，私訴の活用が図られているが，同国では違法なカルテル等に参加した当事者に対する民事損害賠償額は，次の理由から高額となる。第一に，クレイトン法4条があげられる。

　同条は，反トラスト法違反行為によって営業または財産に損害を受けた者は，その受けた損害額の3倍の額と適当な弁護士費用を含めた訴訟費用を請求できると定めている。また，民事請求にかかる4年間の時効に関しては，悪意の秘匿（fraudulent concealment）により適用されない可能性が高い。さらに，この違法行為を犯した者が複数いる場合，上記の賠償総額は，違反当事者が連帯して負担することとされているが，ある当事者が賠償に応じた場合であっても，当該当事者は他の違反当事者に対して，それぞれの負担分を求償することが認められない。つまり，複数の違反当事者が存在する事例において，被告の1社が早期に原告と和解した場合[4]（通常は早期和解において損害額相当額が和解金額の基準となる），被害総額[5]を3倍した金額から，和解を行った被告の和

3　本CASEについては，当事者間で将来生じることのある紛争について，ADRの一形態である調停によって解決を試みる旨の合意について調停契約という用語を使用し，調停によって当事者が解決に至ったときにその内容を確認する意味での調停合意と区別する。

4　原告は訴訟遂行のための資金が必要となることから被告の一部と早期和解を図り，その他の被告に対してはより強硬な主張をもとに高額な賠償金獲得を目指す場合が多い。したがってあくまでも一般論であるが，早期に和解する被告は，実損額について自らの寄与分を基礎とした和解交渉が可能であるが，残された被告は，全体の実損額の3倍に相当する金額から，早期和解により支払われた金額を控除した金額が交渉の基礎となる可能性がある。

5　一般的にカルテル等による違法行為によって過剰に支払われた金額を違法行為継続期間について積算した金額である。

解額を差し引いた金額が，原告による残りの（和解をしなかった）当事者に対する請求金額になると想定されるが，これを判決によって全額負担することになった場合であっても，早期和解当事者に対して寄与分を請求することは認められない。つまり，反トラスト法違反にかかる民事訴訟の和解促進は，訴訟費用の合理化や被害者の負担軽減に資することから，反トラスト法の趣旨に沿うものであると考えられているが，早期和解の機会を得ることができなかった，もしくはそうした機会を逸した被告は，早期和解当事者の懲罰的賠償部分も含めて，高額な賠償責任に直面するリスクに直面する。そこで，違反当事者は，早期に和解して裁判で敗訴した場合のリスク軽減を図るべきか，巨額賠償の経済的負担リスクを覚悟して裁判に臨むかの選択を迫られることになるが，これらの経済的リスクを反トラスト法違反当事者間で分担し，リスクを軽減する目的をもって民事賠償責任分担契約（以下「分担契約」という）が締結される。このような合意は違反当事者間における有効な損失分担契約として原則として合法性が認められている。

　一般的な分担契約は，契約の存在および内容に関しての秘密保持条項が定められている。また，カルテルの被害者である原告が分担契約の存在を確認すべく証拠開示を求めても，アメリカの裁判所は一般的に，分担契約は実質的に係争中に事件の和解に関する被告間の合意であり，その交渉，分担契約書の原案および締結された分担契約書について証拠の開示を命じることはできないと判断している。

　このように分担契約は秘匿性が高く一般に公表されないことから，多くの事例で活用が図られているといわれているが，その実態は前述の秘匿性にも関連して明らかではない。

（2）本件分担契約について

　本件分担契約も，本件カルテル行為に起因する民事訴訟等における和解金その他の損害の分担について合意した契約[6]であり，分担契約書の特徴を備えて

6　本件分担契約書第11.2条は，「本契約の何れの条項も，本契約の本当事者らが本契約の締結と同時に締結する刑事罰金分担契約の拘束力および法的強制力を何ら制限することを意図しておらず，または制限しないものとする」と規定している。

いる。ただし，本件分担契約書第2.6条は，当事者間の分担解決金の配分に関して，「(分担解決金を) 配分することが適切であるかどうか誠実に交渉を行い，もし配分することが適切である場合は，当事者間の公正かつ衡平な配分を決定する[7]」と規定している。

　アメリカにおける一般的な分担契約書では，上記のような分担解決金の契約当事者 (カルテル共謀者) 間の配分に関して，各当事者の市場比率など，特定された明確な基準を予め定めた上で分担義務を規定する。この点，本件分担契約書の基準は曖昧であったと判断される。このような漠然とした分担合意について裁判所の判断を仰ぎ，またそれを執行することは困難と予想されることや，契約当事者は本件分担契約書の存在および内容を秘密として保持したい意向が強かったであろう事情を勘案すると，本件ADR条項に基づく解決策が当事者によって望まれた紛争解決方法であったと推測される。

4．調停契約の裁判所による執行の可能性

　上述の通り，ADRの種類は様々であり，紛争が生じた場合に当事者間で誠実に話し合いを行う旨を規定するにとどめ，調停人の選定方法や調停の際の判断の具体的基準について規定していない場合も少なくない。

　アメリカの裁判所は，一般的に具体性を欠いた信義誠実原則のみに立脚する交渉義務は裁判所による執行に適さないと判断する。したがって，充分な程度に特定されかつ客観化された調停手続基準が合意されていない場合は，将来話し合う旨の合意 (agreement to agree) と位置づけられて，裁判所は一般にその執行を認めない。そこで，ここではADRの一形態として商事紛争においては頻繁に活用される調停に限定して，調停契約の裁判所による執行の可能性を検討する。ここで調停とは，UNCITRAL (国連国際商取引法委員会) が，2002年に定めた国際商事調停モデル法 (UNCITRAL Model Law on International Commercial Conciliation) 第1条第3項に従い，「「調停」とは，調停，斡旋，または，その他の類似の意味を持つ表現によると否とを問わず，当事者が，単

7　"C, B and A agree to conduct good faith negotiations concerning whether an allocation of such Shared Resolution Amount is appropriate, and if so, to determine a fair and equitable allocation of such Shared Resolution Amount."

独または複数の第三者（「調停人」）に対し，契約またはその他の法律関係から生じた紛争またはこれと関連する紛争につき，その友好的な解決の試みに対して援助を求める手続き」と理解される。

　こうした調停について，当事者間で調停契約が存在する場合，UNCITRALモデル法第13条第1文は，「仲裁廷または裁判所は……これに従わなければならない」と規定し，調停合意の執行力を認めている。また，例えばイギリスでは明確な商事調停に関する法規範は存在しないが，当事者間で調停合意が存在する場合は，裁判所はこの訴訟上の効力を認め，かかる調停合意の手続きが進行している期間について，訴訟手続きを停止している。ただし，調停合意が裁判所によって執行されるためには，その内容が明確でかつ疑いのない（clear and unambiguous）ことが求められる。しかし，調停合意においては，必ずしも特定の解決方法が指定されていることまで求められるわけではない。例えば，「当事者は，Centre for Dispute Resolutionが当事者に推奨する手続きによって裁判外の紛争解決を図る」という内容の調停合意も，裁判所によって効力が認められた。

　また，アメリカ法の下では，前述の通り，一般的には将来話し合う合意（agreement to agree）について裁判所は執行を認めない。例えば，Jillcy Film Enterprises, Inc. v. Home Box Office, Inc.事件（593 F. Supp. 515（S. D. N. Y. 1984））において，当事者は誠実な交渉（good-faith negotiations）を通じて紛争解決を図る旨の合意をしたが，裁判所は何がgood-faithであるのか明確な基準が合意されていないことから，かかる客観的基準を欠く内容の合意について執行は認められないと判断した。

5．調停契約と当事者の権利保護の問題

　UNCITRAL国際商事調停モデル法第13条は，「調停契約の当事者間において，一定の期間中または一定の条件が成就するまでの間，現在または将来の紛争について，仲裁手続または訴訟手続を開始しないことが明示的に合意されたときは，仲裁廷または裁判所は，……これに従わなければならない」としつつ，「当事者の一方は，みずからの判断に従って自己の権利を保全するために必要があると認めたときに限り，これらの手続を開始することができる」と規定し

ている。また，民事調停に関するEU指令第8条も「加盟国は，商事調停の合意を行った当事者が，その後の調停期間中に，消滅時効または出訴期限の制約によって司法手続きまたは仲裁手続きを開始することが妨げられないように調停契約当事者を保障しなければならない」と定めている。したがって，調停契約の当事者が，調停開始後であっても，自らの判断によって消滅時効成立のリスクなどを回避するために，訴訟または仲裁手続きを開始することを認めることは，締結された調停契約の利益と訴訟を提起せざるを得ない当事者の権利保護とのバランスにおいて妥当な判断であろう。

REMARKS

　商事紛争が生じた場合に，その解決に向けて当事者間で話し合うといったいわゆる「協議条項」は仮に相手方が話し合いに応じない場合には，法的執行力が認められないほか，当事者間のみによる紛争解決は，それが行き詰まった場合に限界があることから，さらに一歩進んだ紛争解決手段として調停について検討する価値がある。

　この点，国際商事調停については，その和解合意の国際的な執行力を担保する法的枠組みの欠如が問題とされてきた。つまり，仲裁判断については外国仲裁判断の承認及び執行に関する条約（1958年）の下で，仲裁判断の承認と執行に関する保証が与えられているが，調停手続きの結果としての和解合意については国際的な法的枠組みの欠如が問題であると指摘されていた。しかし，調停に関するシンガポール条約は，国際的な商事調停により成立した和解合意について，執行力を付与するなどの共通の法的枠組みを定めるものであり，下記の場合に適用される。

　　・裁判外で行われる調停（民間の調停人，調停機関等が関与するもの）
　　・「国際的」な和解合意（当事者が異なる国に営業所を有する場合等）
　　・「商事」に関する紛争（消費者紛争，家事紛争，労働紛争は対象外）
　ただし，執行対象となる当事者の所在国の裁判所は，公序良俗に違反しないかなど所定の要件について審査を実施する。2019年には，アメリカ，中国，インド，韓国など46カ国が署名した。同条約は，2020年9月に発効している。

【参考文献】

大貫雅晴『国際商取引紛争解決の法と実務』（同文舘出版，2018年）

CHAPTER 16　国際投資仲裁

［外国投資家の公正・衡平待遇義務違反事件］

FOCUS

　伝統的に，国際法上の紛争解決手続きは国家間の紛争との関連で問題になるものであり，私人たる外国人投資家は投資先の国で違法に損害を被っても，救済のためには本国による外交的保護を待たねばならなかった。この制度の下では，外国投資家は，当該外国で紛争が生じた場合，まずはその国の国内裁定機関や裁判所においてその解決を図る必要があった（国内救済完了の原則）。

　だが，現時点で2,300を超える二国間投資協定（Bilateral Investment Treaty：BIT）が存在しているところ，このような国際投資協定や，経済連携協定により，外国投資家は投資受入国（以下「ホスト国」という）の政府による協定違反を理由として，ホスト国に対する請求を直接的に行うことが可能とされている。国際投資に関する法的フレームワークは，国際条約，国内法および契約の3つの柱で構成され，それぞれが緊密な関連性を有することに留意すべきであろう。

KEYWORDS

国際投資仲裁，国際投資協定，経済連携協定，公正・衡平待遇義務，国家収用

CASE[1]

　日系金融グループ（以下「Nグループ」という）の欧州拠点である英国法人（以下「N社」という）は，チェコの銀行（Investiční a Poštovní banka a.s.：以下「IPB」という）の約46％相当の株式を取得し，それを同社がオランダに設立したペーパー

1　UNCITRAL Case（Saluka Investments BV（The Netherlands）v. The Czech Republic），Partial Award, 17 March 2006.

カンパニー（Saluka Investments BV：以下「Ｓ社」という）に譲渡した。IPBは，不良債権問題によって経営難に陥った結果，チェコ政府によって公的管理下に置かれ，その後同社の経営はチェコの他行に譲渡された結果，同社の株主であるＳ社は損害を被ったので，同社はオランダ・チェコ間国際投資協定（以下「本BIT」という）[2]に基づきチェコ政府を相手に仲裁を申し立てた。当該仲裁廷において，まず本件Ｓ社の請求について同仲裁廷が管轄権を有するかが議論された。

さらに，チェコ政府は，不良債権問題で経営難に陥った同国の大手３行には財政支援を行ったが，IPBについては何らの支援も実施しなかった[3]。その後，チェコ中央銀行（Czech National Bank：以下「CNB」という）はIPBを公的管理下に置いた上で同社の経営を他行に譲渡した。当該仲裁廷はＳ社の請求について管轄権を有するか，チェコ政府による一連の措置（以下「本強制措置」という）は，本BIT第５条に規定する収用に該当するか[4]，そして，当該政府のとった措置は本BIT第3.1条に基づく締約国の義務[5]に違反するかが主要な論点であった。

1．本件請求に係る本仲裁廷の管轄権の有無について

仲裁廷は，Ｓ社による本件請求は，本BITの下での投資財産（investments）および投資家（investors）の解釈をめぐる争いであると整理し，仲裁廷の管轄権を認めた。

（1）投資財産の定義について

本BIT第8.1条は，「仲裁廷は，本条約締約国と他方の締約国の投資家の投資財産に関するすべての紛争」について管轄権を有すると規定しているが，投資財産について本BIT第１条（ａ）号は，他のオランダ型モデルBIT（以下「オ

2　The Agreement on Encouragement and Reciprocal Protection of Investments Between the Kingdom of the Netherlands and the Czech and Slovak Federal Republic 1991. 当該BITは，1993年のチェコとスロバキアの分離後，チェコによって承継された。

3　チェコ政府による公的資金投入等の財政支援は，同国の主要な４つの銀行の内，IPB以外の３行についてのみ実施された。

4　同条は，締約国について，①収用が公共目的で正当な法の手続きに従うこと，②差別的でないこと，③補償がなされること等の条件が満たすべき義務を規定する。

5　同条は，締約国に相手国の投資家に対して公正で衡平な待遇を保証すべき義務を規定する。

ランダモデルBIT」という）と同様に，例えば「法令に準拠して取得された投資財産」というような制限規定を置いていない[6]。この点について，本仲裁廷は，本BITの下で投資財産がホスト国の法令に従って取得されたことを明示的な条件としていない場合であっても，ホスト国法令の遵守は，投資財産がBITの下で保護を享受するための黙示的前提条件であると述べている。

　チェコ政府は，チェコ銀行法の下で国内銀行に外資が投資する場合および銀行の登録資本の15％以上の株式を取得する場合には，チェコ中央銀行の事前許可が必要であり，またCNB通達に基づき投資家は，国内銀行の登録資本の10％以上を取得する際には，事業計画を提出することが義務づけられている。Ｎグループは，IPBの系列にあったPilsen社を手中に収めることを意図してIPB株式を取得しており，Put Option契約の存在や上記の投資意図をホスト国に開示しなかった事実に照らして，Ｓ社を含むＮグループにおいてチェコの法令違反が認められると仲裁の被申立人であるチェコ政府は主張した。しかし，本仲裁廷は，①チェコ銀行法の規定をもってしても，国内法に基づき投資家が特定の投資についての長期的計画や投資の真の意図を開示する法的義務が明確でないこと，②Put Option契約については関係当事者間で仲裁手続きの結果，当該契約は有効であるとの仲裁判断が示されていること，③「投資」は現実に投資家が保有する投資財産を意味するものであり，資金の投下のプロセスは問題とならないこと，④仮にＮ社に違法な行為があったとしても，Ｓ社がIPB株式の取得に関連してその違法な行為に関与した事実が認められなければならず，Ｎ社によるIPB株式取得後に当該株式をＮ社から取得したＳ社についての違法性は認められないと判断した。

（2）投資家の定義について

　本仲裁廷の管轄権をめぐるもう１つの重要な論点が投資家の定義である。オランダモデルBITは，投資家についても包括的な定義を置いており，本BITもこれに準じた規定になっていた。オランダモデルBITは，BITの保護を受ける

6　ICSID条約（本書111頁参照）には投資財産の定義は明示されていないが，その一般的特徴として多くの場合，①投資計画の持続性，②一定の規則的収益および配当，③リスクの引き受け，④実質的な出資，および⑤投資受入国の経済発展への寄与があげられる。

前提として，投資家がオランダ人または同国法人であることを要求しているが，法人の場合の国籍要件は，同国で設立された法人であればその事案のみによって充足され，当該法人がオランダにおいて実質的事業活動（substantial business activities）を営んでいることは要求されない。

　本件において，チェコ政府は，本BITでは「投資家」とは「締約国の国内法に基づき設立された法人」であるが，①Ｓ社は単なるペーパーカンパニーであり実質的な利害関係者はＮ社またはＮグループであること，②Ｎ社には先に述べた違法行為が認められること，③Ｓ社はオランダとの真正かつ継続的な関係を有しないことから，「投資家」に該当しないと主張した。これに対して仲裁廷は，協定当事者はBITにおける投資家の定義を自由に選択できるが，本BITはその締約国で設立された会社を「投資家」と定義しており，投資家については何ら制約が付されていない以上，仲裁廷がそれを制限するような追加的要件を加えることはできないとして被申立人の主張を退けている。

２．チェコ政府によるBIT違反の有無について
（1）本強制管理は収用に該当するか

　本BIT第５条は，締約国に対して，収用について，収用が公共目的で正当な法の手続きに従うこと，差別的でないこと，および補償がなされることを義務づけている。申立人（Ｓ社）は，チェコ政府は，ＮグループやIPBによる他社との提携などの提案を拒否し，一方的に公的管理に踏み切ったことから，公的管理が公共目的で行われたものではなく，正当な法の手続きに則っていないなどと主張したが，仲裁廷は本BIT第５条は，"deprivation"（剥奪行為）という用語を使用してこれに該当する行為を禁止しており，本条は公的秩序を維持するための適切な規制措置であれば正当化されるという国際慣習法上の概念に基づき解釈されるとして，CNBの公的管理は国家の正当な規制権限の範囲内の措置であり，違法な収用には該当しないとした。さらに，一定の規制については補償の必要がないとする先例を仲裁廷は参照している。

（2）本強制管理は本BITに基づく公正・衡平待遇義務[7]に違反するか

　本BIT第3.1条は，締約国が投資家に対して公正かつ衡平な待遇を保証すべきことを定めている。仲裁廷は，一般論として，国際慣習法上の最低基準がホスト国の政策如何にかかわらず適用されると述べた上で，本BITが投資促進のために締結される以上，当該義務の水準はインセンティブを提供する程度の高い水準であると判断した。また，同条が，例えば北米自由貿易協定（NAFTA）のように国際慣習法に言及していればともかく，そのような言及は本BITには存在しないことから，その反対解釈の結果として，当該義務の水準は高いものであると本仲裁廷は結論づけている。さらに本仲裁廷は，本BITの前文を参照して，BITが投資促進と締約国間の経済関係の強化という2つの目的を持つことに留意し，少なくとも本待遇は，投資の阻害要因にならないような待遇であると解釈した。その上で仲裁廷は，本義務は投資家の「正当で合理的な期待」（legitimate and reasonable expectation）を損なわないようにする義務を意味するものであり，国家が明らかに矛盾した，不透明な，非合理的な，または差別的な行動をとらない義務を定めたものと判断した。したがって仲裁廷は，チェコ政府には公正・衡平待遇義務違反が認められると判断した。

　つまり，仲裁廷は公正・衡平待遇義務とは，投資家の「正当で合理的な期待」と密接な関係があることを明らかにしたが，ここで正当性とは，単に投資家の主観的な投資の動機や期待を意味するものではなく，与えられた状況の下での客観的な正当性が求められる点に注意すべきであろう。

7　本BIT第3.1条は，"Each Contracting Party shall ensure fair and equitable treatment to the investments of investors of the other Contracting Party and shall not impair, by unreasonable or discriminatory measures, the operation, management, maintenance, use, enjoyment or disposal thereof by those investors." と規定している。

REMARKS

オランダは1965年に国家と他の国家の国民との間の国際投資紛争の調停と仲裁のための条約（ICSID条約）に加盟（同国は本条約の原加盟国の１つである）して以来，同国経済省を中心に，投資家の保護に重点が置かれたオランダ特有のモデルによるBITの締結を推進してきた。同国は現在では90カ国以上とBITを締結している。国際投資スキームの構築[8]に際して投資家は，特定目的会社（一般的にはペーパーカンパニー）を活用することによってオランダモデルBITの恩恵を享受することも可能である[9]。

しかし，オランダモデルBITは，投資家がペーパーカンパニーの活用によって条約漁り（treaty shopping）を容認する結果となりかねないという問題を抱えている。また，投資家および投資受入国双方の権利のバランスに重点を置いたEU型BITの登場によってモデルBITの変容が迫られている現状にも留意すべきであろう[10]。さらに，BITは本来締約国間の国際投資を推進するとともに，両国間の経済関係の強化を主目的とするものであることに留意しなければならない。前述の通り，投資家の保護は，そのようなBITの根本的な枠組みにおいて理解されるべきであり，投資家の主観的利益の保護のみを目的とするものではない。

【参考文献】

フレッシュフィールズブルックハウスデリンガー法律事務所編『よくわかる投資協定と仲裁』（商事法務，2018年）

阿部克則監修，末冨純子＝濱井宏之『国際投資仲裁ガイドブック』（中央経済社，2016年）

8　もっとも当該国が締結しているBITの内容のみならず，税務・会社法制・カントリーリスクなどを包括的に検討して選択することになろう。

9　実際にオランダには20,000社を超える投資目的のペーパーカンパニーが存在するといわれる。

10　EU Council（No 10892/12），"Proposal for a Regulation of the European Parliament and of the Council Establishing Transitioned Arrangements for Bilateral Investment Agreements Between Member States and Third Countries", at 3（5 June 2012）.

PART II 公正な国際ビジネスの実現に向けて─不公正活動規制─

Introduction

　「契約自由原則」は，概ね国際ビジネスにおける契約関係にも当てはまる。つまり，「契約締結の自由」，「相手方選択の自由」，「契約内容の自由」，および「契約方式の自由」の4つの要素は，国際ビジネス契約にも適合する原則であり，国家はこれに干渉すべきではない。しかし，外形上は，標準的な契約条件であるようにみえても，その契約締結交渉の裏で，事業者が同業者と価格カルテルを合意していたり，販売地域について市場分割カルテルの取り決めがなされたりするなど違法な活動が営まれている可能性もある。また，契約条件そのものが，市場における優越的地位を濫用した不当な条項である場合も存在する。わが国における「独占禁止法」のように市場における公正で自由な競争の実現を目指す法律を一般に「競争法（Competition Law）」という。現在，経済のグローバル化，市場経済化の流れを受けて，世界各国・地域でその整備が進められ，その執行も活発化している。

　さらに，外国公務員に対する贈賄を通じて，国際ビジネスが実現される事例も見出される。「国際商取引における外国公務員に対する贈賄の防止に関する条約」は，1997年12月にOECD本部において，わが国を含む33カ国により署名された。この条約は，国際ビジネスにおける外国公務員への不正な利益供与が，国際的な競争条件を歪めているとの認識の下，これを防止することにより，国際ビジネスにおける公正な競争を確保することを目的としている。わが国においても，外国公務員等に対する贈賄は，不正競争防止法の一部改正によって規制されている。

　本PARTにおいては，公正な国際ビジネスの実現に向けた，不公正なビジネス活動の法的規制について検討する。

CHAPTER 17　国際カルテル

［リジンカルテル事件］

FOCUS

　競争法違反は市場に対する背信行為であり，消費者に被害を与える経済犯罪である。その中でも価格カルテルとは企業が製造品または取扱商品の販売価格の協定である。もともとカルテルは企業相互の競争の排除ないし緩和を企図して結ばれる企業間の協定であり，カルテルを通じて企業は利益を向上させるが，その負担は最終的には消費者が被る。カルテルは内密裏に合意され，関係者は証拠を残さないことからその摘発は困難であったが，アメリカでは，1993年にリニエンシー制度（自主申告制度）を改正し，違反を申告し易い環境を整えた結果，その後数々の国際カルテルがリニエンシーに基づいて摘発された。現在ではEU競争法やわが国の独占禁止法を含め多くの国・地域においてリニエンシー制度が整備されている。

　アメリカでは，カルテルに関与していた企業および個人に対して刑事責任が追及される。違反を一番に申告してリニエンシーを確保できれば会社のみならずその関係者も刑事罰を免除される可能性があるが，それを確保できない場合（つまり二番目以降の申告者の場合）は，会社と反トラスト法当局（アメリカ司法省）との司法取引が成立しても，当局は，カルテルに関与していた一定の関係者については刑事罰の免除を付与しない（これを「カーブアウト」という）ポリシーを維持している。カーブアウトの対象になった個人は，当局との間で個別に司法取引に臨むことになるが，当局と合意できない場合は大陪審によって起訴される可能性がある。なお，シャーマン法違反は重罪とされ，同法に違反した個人に対しては100万ドル以下の罰金刑または10年以下の禁錮刑，もしくはその併科とされる可能性がある。

なお，本書では，「競争法」という用語を市場における競争の維持と促進に関する法の総称として使用するが，アメリカや日本については，慣例に従ってそれぞれ「反トラスト法」および「独占禁止法」という用語を使用する。

KEYWORDS
リニエンシー，シャーマン法，価格カルテル，囮捜査，隠し撮り，アメリカ司法省（DOJ），域外適用，司法取引

CASE
リジンカルテル事件はアメリカ反トラスト法の歴史に残る事件である。リジンはアミノ酸で重要な飼料添加物であり，バイオテクノロジーで生産される。1980年代後半には味の素，協和発酵，韓国のSewonの3社が世界の生産の95％を占めていた（味の素がその60％を占めていた）。アメリカのADMは原料のdextroseの大メーカーで，1991年にリジン生産に進出し，急激にシェアを伸ばした。同年，韓国のCheil Jedang（第一精糖）も生産を開始した（Sewon はその後，Miwon Foodsと合併し，Desang Corporationとなった）。その結果，価格は大幅に下落し，コスト割れとなったことから，1992年4月にADMは味の素，協和発酵と"amino acids trade association"を創立し，その後，韓国のSewonとCheil Jedang（現在のCJ）が参加し，リジンの販売価格や生産量，販売シェアについて話し合った。カルテルに参加していたADMの会長は会議において"The competitors are our friends, and the customers are our enemies"と発言している。実際には，1990年に日本と韓国メーカーの間でカルテルは始まっていた。1992年11月にADMの副会長であったMark WhitacreがInformant（リニエンシー通報者）となり当局にカルテルの存在を通報した上で，会議の証拠ビデオの隠し撮りなどに協力した結果，1995年6月にADMに強制捜査が入った。そして，2000年4月，米ワシントンのホテルで開催されたアメリカ法曹協会において，リジンカルテルの現場を通報者が隠し撮りし，米司法省が編集した衝撃のビデオが公開された。

なお，欧州連合（EU）の行政機関である欧州委員会は2000年6月7日，同じリジンカルテルの5社に対し，総額1億1,000万ユーロ（約110億円）の制裁金の支払を

命じた。味の素に対する制裁金は2,830万ユーロ（約28億円），協和発酵に対しては1,320万ユーロ（約13億円）であった。

1．競争法コンプライアンスの重要性

　競争法は，現在では100以上の国と地域で制定されている。競争法執行の手続面および実体面の収斂を促進することを目的として，各国・地域の競争当局を中心としたネットワークであるICN（International Competition Network）には現在114カ国と地域から129の競争当局が参加しており，世界の政治経済体制を支える経済憲法としての独禁法の有用性は世界共通の認識となりつつある。

　そのような状況の下でカルテルなどの違法行為は消費者の権利を侵害する重大な不正行為と位置づけられる。アメリカ反トラスト法の下では，シャーマン法により，カルテルなどの違法行為には行為者および法人に刑事罰が科されるほか，その違法行為により生じた損害賠償責任も生じる。シャーマン法とは，1890年に制定されたアメリカの連邦法で，反トラスト法の中心的な法律の１つであり，本法の主要な規定は，不当な取引制限を禁ずる第１条と，不当な独占を禁ずる第２条である。さらに，シャーマン法違反行為で損害を受けた被害者は，違反者に対して民事訴訟を提起して，実際の損害の３倍の賠償金と弁護士費用を請求することができる。後者の，私人による損害賠償の権利は1914年成立のクレイトン法第４条（a）により追加された。周知の通り米国ではクラスアクションの制度，陪審制や懲罰的損害賠償制度など，わが国と異なる制度が存在するので注意が必要である。

　以下の図表17‐1は，アメリカにおける反トラスト法関連の刑事罰の執行件数を示しているる[1]。2011年度以降は次第に減少傾向にあるが，ここ数年をみても決して少ない数値ではない。また，図表17‐2は反トラスト法関連の罰金・制裁金の総額の推移を，そして図表17‐3は個人に対するそれぞれの期間ごとの収監月数の平均値を示している。

1　CRIMINAL ENFORCEMENT, Trends Charts Through Fiscal Year 2020（アメリカ司法省 available at https://www.justice.gov/atr/criminal-enforcement-fine-and-jail-charts, accessed on January 2021）. 図表17‐2および図表17‐3の出典も同様。

　なお，アメリカ司法省は反トラスト法違反に基づき10百万ドル以上の罰金が科された事件名と違反した企業名および罰金額を公表しているが，2021年1月時点で違反企業155社の内約40％に該当する63社が日本企業である[2]。

図表17-1　法人および個人に対する訴追件数の推移

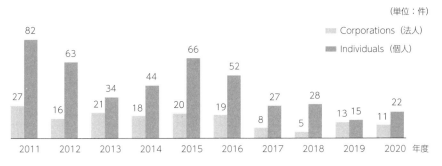

図表17-2　罰金・制裁金の総額の推移

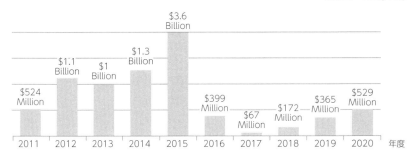

2　ANTITRUST DIVISION, Sherman Act Violations Resulting in Criminal Fines & Penalties of $10 Million or More（アメリカ司法省 available at https://www.justice.gov/atr/sherman-act-violations-yielding-corporate-fine-10-million-or-more, accessed on Jan 2021).

図表17-3 平均収監月数

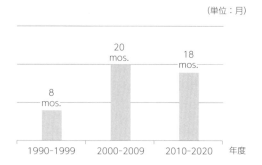

（単位：月）

2．反トラスト法違反の諸類型

　シャーマン法第1条は，「取引を制限する全ての契約，結合，共謀」を禁じている。ここで禁じられるのは，正式な契約書や覚書のように書面により取り交わされる合意だけではなく，口頭の合意や，黙示の合意（紳士協定）等も問題となり得る。同法に違反する典型的な違法行為は水平的取引制限と垂直的取引制限に分類される。水平的取引制限（または水平カルテル）とは，競争者（同業者）の間で行われる取引制限であり，例えば，価格カルテルは，競争者がそれぞれ自ら販売する商品の価格について合意することである。また，市場分割や顧客の割り当てもこの範疇に該当する。水平的な協調行為のうち価格に関する協定については，当然違法の原則が適用されることについて異論はない。これは，価格カルテルや入札談合といった一見して明らかに反競争的と捉えられるからである。

　他方で，垂直的取引制限（または垂直カルテル）とは，メーカーと販売店等，販売ルートの上流と下流にいる当事者間の取引制限行為である。もっとも典型的なのは，再販売価格維持であり，メーカーと販売店との間で販売店が商品を顧客に販売する価格（再販価格）を合意する行為である。また，メーカーが複数の販売店を持っているときに，それぞれの販売店が販売できる地域や顧客を制限するテリトリー制限もこの範疇に入る。垂直的取引制限については，合理の原則が適用され，その行為が競争に与える影響を様々な観点から考慮して，それが合理的であるか，また競争に重大な悪影響を及ぼすかどうかを検討し，

不合理な競争制限効果を持つ行為のみを違法と捉えている。

3．リニエンシー

　アメリカ司法省は，1993年に改訂リニエンシー・ポリシー（アムネスティ・プログラムとも称される）を公表した。これは違法行為を行った者による刑事免責および捜査への全面協力の申請に対して，一定の条件を満たせば刑事訴追しない旨の条件付合意書を締結した上で，協力者の全面的協力を得て捜査を進め，首謀者を摘発し，最終的に協力者がすべての条件を満たせば，訴追免責するというものである。このリニエンシー制度は第一番目の通報者に対してのみ適用され，二番手以降の通報者は有罪答弁（Plea Guilty）を行った上で捜査に協力することにより，連邦量刑ガイドライン（Federal Sentencing Guidelines）に基づいて導びかれる刑事罰の軽減措置を受けることができる。これがいわゆるアメリカにおける司法取引である。また，リニエンシー・プラスという制度は，あるカルテル事件に関してリニエンシー申請は認められなかった当事者が，別の関連市場で実施されたカルテルに関してのリニエンシー申請としては第一番目の申告者であった場合に，その関連市場での協力が考慮され，最初のカルテル事件に関しても量刑の軽減を受けることができるという制度である。リニエンシー制度に加えて，リニエンシー・プラスが機能することで，各業界においてリニエンシー申請の連鎖が生じ，これがカルテル摘発の大きな原動力になっている。

4．犯罪人引渡条約とアメリカ反トラスト法違反

　日本とアメリカ間の犯罪人引渡条約は両国における犯罪の抑圧のために締結され，1980年3月から発効している。2014年現在でアメリカ反トラスト法等違反によりアメリカ国内で禁錮刑に服する日本人役職者は10人以上いると報じられているが，アメリカ司法省は最近，カルテルに関与した個人に対する訴追を強化しており，日本に在住している日本人役職員に対する訴追例もみられる。これは，違反企業が事実を争うことなく司法取引によってアメリカ司法省と合意して起訴猶予合意（deferred prosecution agreement）を行う場合であっても，アメリカ司法省は，カルテルの実行者（個人）に対する刑事罰は免除しな

い方針を維持している。

　今後，アメリカにおける反トラスト法違反に関わった企業の役職員については，同人等がたとえ日本に在住している場合であっても，犯罪人引渡条約に基づき米国に引き渡される可能性に留意する必要があろう。日本ではまだ実例はないが，マリンホース事件に関与したとみられるイタリア人被疑者は，2010年8月フロリダ州連邦地裁大陪審において起訴されていたところ，2013年6月に滞在していたドイツで逮捕され，その翌年に犯罪人引渡条約に基づきアメリカ側に引き渡されている。

REMARKS

　2012年11月に自動車部品の販売をめぐりカルテルを結んでいたとして，日本の公正取引委員会は独占禁止法違反（不当な取引制限）で，国内メーカー５社に再発防止を求める排除措置命令を出し，そのうち４社に課徴金納付を命じた。また，2013年９月には，アメリカ司法省が日本に拠点を置く９つの自動車部品メーカーが米国で価格カルテルを結んで，販売価格を不正に操作していたとして総額７億4,000万ドル（約730億円）の罰金を支払うことを条件に司法取引が成立した。さらに2014年８月には，中国の独占禁止法当局が，日系自動車部品メーカーについて自動車部品の販売価格を不当につり上げる違反行為があったとの理由で総額50億円以上の制裁金を科す決定を下した。以上の例にみられるように，競争法違反についての外国企業への積極的な域外適用・摘発が活発になっている。

　アメリカでは，1945年のアルコア事件判決によって反トラスト法を域外にも適用できるとの原則が確立されたが，アメリカ以外の国と地域（例えば欧州連合）でも効果理論に基づき域外適用を図る例が多くみられる。グローバルに事業を展開する企業は，各国競争法の遵守プログラムを策定し，それを実践することを通じてグループ全体における法令遵守を徹底すべきである。

【参考文献】

村上政博『アメリカ独占禁止法―アメリカ反トラスト法［アメリカ法ベーシックス］第２版』（弘文堂，2002年）

松下満雄＝渡邉泰秀編『アメリカ独占禁止法　第2版』（東京大学出版会，2012年）
植村幸也『米国反トラスト法実務講座』（公正取引協会，2017年）

CHAPTER 18　競争法の域外適用

［マリンホース市場分割カルテル事件］

FOCUS

　2008年に株式会社ブリヂストンは，海上での石油搬出入に使用されるマリンホース事業から撤退すると発表した。その引き金になったのがマリンホースにかかる国際的な市場分割カルテル事件である。本CASEでは，日本，アメリカ，フランス，イギリス，イタリアの各企業がマリンホースの国際入札で談合し，市場分割をなすとともに価格を維持していた事例である。これに関わった日本企業の１社である横浜ゴムが，日本，アメリカそして欧州の競争当局にリニエンシーを申告したことを契機に国際的な捜査が開始された。

　国際カルテルの事案においては，どのような場合に一国が国外において行われた行為に対して自国の競争法を適用することができるのか，という域外適用の問題が生じる。これは，自国法をどの程度まで国際的な広がりを持つ事案に適用できるかという立法管轄権の問題でもある。過度な域外適用は他国の主権を侵害するものとして他国との摩擦の原因となる[1]。本CHAPTERでは，どのような独占禁止法の域外適用に焦点をあてて，その理論および適用要件等について検討する。

KEYWORDS

効果理論，属地主義，競争法の域外適用，排除措置命令，課徴金制度，リニエンシー

1　アメリカでは，過度な域外適用による国際的な摩擦を回避すべく，「国際礼譲」を根拠に管轄権の行使を差し控えるべきとの議論がなされている。

CASE[2]

　日本におけるマリンホースの需要者は，マリンホースの製造販売業者の中から複数の者に対して見積価格の提示を求め，もっとも低い見積価格を提示した者を受注者としていた。しかし，マリンホースの製造販売業者8社は，1999年頃からマリンホースの需要者が発注するマリンホースの受注価格の低落防止を図るため，受注予定者を決定し，それ以外の当事者は，受注予定者が受注できるように協力することにより，公共の利益に反して，マリンホースの取引分野における競争を実質的に制限していた。

　わが国の公正取引委員会は，マリンホースの製造販売業者8社のうち5社（ブリヂストンほか，英，仏，伊に本店を有する事業者）に対し，独占禁止法（以下「独禁法」という）第3条の規定に違反する行為を行っていたとして2008年に同法第7条第2項の規定に基づく排除措置命令を，ブリヂストン1社に対し，同法第7条の2第1項の規定に基づく課徴金納付命令を行った。

1．本CASEの解説

　わが国では，従来から属地主義の原則に基づき，自国の領土外の行為に対しては日本の独禁法の効力は及ばないと理解されてきた。しかし，近年の国際的な企業活動により，外国事業者の国外での行為により，国内市場の競争に重大な影響が生じたため，領土外の行為の一部でも国内で行われた場合に管轄を認める客観的属地主義や，領土外の行為でもその反競争的な効果が日本に及ぶ場合には，独禁法を適用するという効果理論が唱えられるようになった。本CASEは，国際カルテル事件で，日本に営業所を有しない外国事業者に対して，独禁法3条を適用して排除措置命令を下したわが国における初めての事案である。

　この排除措置命令は，マリンホースの製造販売業者8社のうちブリヂストンを含む5社に対して発せられており，①取締役会決議：受注調整行為の取り止めの確認，および，今後の自主的な受注活動実施の決議，②他のマリンホース事業者，需要者への通知：前記に基づいてとった措置を，自社を除く4社およ

2　公取委平成20年2月20日排除措置命令。

び横浜ゴムに通知するとともに，日本所在のマリンホースの需要者に通知する，③今後のカルテル禁止：今後，相互間において，または他の事業者と共同して，特定マリンホースのうち日本所在のマリンホースの需要者が発注するものについて，受注予定者を決定してはならない，などを内容としている。

　なお，ブリヂストンのみを名宛人として，特定マリンホースのうち日本に所在する需要者が発注するものに係るブリヂストンの売上額をベースとして，課徴金を賦課した。

　本CASEは，効果主義（外国事業者の行為の競争制限的効果が国内に生じた場合に自国の競争法を適用し得るとする理論）に基づく措置であると評価されている。

　なお，マリンホースの製造販売業者である世界4カ国（日本，英国，フランスおよびイタリア）に本店が所在する8社が実施した国際市場分割カルテルは，日本と米国司法省および欧州委員会が2018年5月に協力して摘発した事例である。アメリカ司法者および欧州連合の競争法当局も，本件カルテルについてそれぞれ罰金刑を科したり行政制裁金の納付命令を下すなど各国・地域の競争法を執行している。

2．本CASEの争点
（1）外国事業者に対する独禁法の域外適用
　外国事業者に対して日本の独禁法を適用し執行するためには，日本の司法管轄権が存在することを前提に，公正取引委員会という行政機関が審査や措置命令等を執行する執行管轄権を有する必要がある。

①　立法管轄権が及ぶ範囲
　管轄権は一般的には，国家が人，財産または事象に対して行使する権限を意味し，それは立法管轄権，司法管轄権および執行管轄権に分類される。この内，立法管轄権（国内立法に関する権限）については以下の3つの考え方が存在する。
（ⅰ）属地主義
　自国領域内で行われた行為に対して国内競争法が排他的に適用され，その効

力は外国に及ばないとする伝統的理論。

(ⅱ)　客観的属地主義

自国領域外で開始された実行行為が自国内で完結する場合に，属地主義を客観的に解釈して，自国の競争法の適用を認める立場。

(ⅲ)　効果理論

自国領域外で行われた行為であっても，自国に実質的な競争制限的効果が生じる場合は自国の競争法の適用を認める立場。

なお，本CASEについて，効果理論を採用したか否か必ずしも明確でないとする見解もある。しかし，ブラウン管国際カルテル事件，BHPビリトン事件など，その後の事案の積み重ねを通じて，公正取引委員会は効果理論を採用したとする見解が多数を占めている。

②　効果理論の一般原則と認定方法

効果理論の一般原則について，以下の2つの見解がある。2つの見解の違いは，海外における競争法違反行為のうち，**当初から自国市場に実質的効果を及ぼすことを意図していない行為についても自国の競争法を適用すべきか否かにある。**

(ⅰ)　海外における競争法違反行為が，自国市場に実質的効果を及ぼすことを意図して行われて，自国市場に実質的な効果を及ぼしているときに，自国競争法が適用されるとする見解。この見解の下では，海外で行われる当該行為を詳細に分析し上記意図を解明する必要がある。

(ⅱ)　海外における競争法違反行為によって，自国市場について直接的，実質的かつ予測可能な効果が及ぶときに，自国競争法が適用されるとする見解。この見解の下では，当該商品の取引分野を一定の取引分野として画定した上で，日本での競争制限効果を具体的に認定する必要がある。

③　効果要件と実体要件

域外適用としての日本市場への効果要件と，独禁法第2条第6項にいう「一定の取引分野における競争を実質的に制限する」という実体要件は分けて考える必要があり，後者については，独禁法の下での違反行為類型ごとに異なって

解釈されている。カルテルについては，判例上合意によって第3条後段の不当な取引制限が成立するという合意時説が採用されており，合意によって原則として一定の取引分野における競争の実質的制限の要件が満たされるという当然違法の原則が確立している。

　この原則の下で，海外で形成されたカルテルについては，日本市場へ直接的，実質的，かつ予測可能な効果が生じて，原則として独禁法第3条後段の不当な取引制限が成立して，公正取引委員会はその国際カルテルに参加している事業者に対して排除措置を命じることができると解される。

④　本CASEにおける事実の認定

　本CASEにおける国際カルテルは，日本市場を含む国際市場が対象市場とされており，参加事業者は当初から日本市場に影響を与えることを意図し，かつ現実にそのような効果が生じていると評価される。

　かかる国際カルテルについては，その国際カルテルの形成に至る経緯，合意内容，実施行為・実施状況を具体的に認定することにより，対象としている日本市場にも当然に実質的な効果を及ぼし，かつ日本の当該商品取引市場における競争を実質的に制限していると認定することが可能である。

　本CASEにおいて，日本国内市場における具体的な競争制限効果として，日本事業者であるブリヂストンおよび横浜ゴムが受注調整行為を行ったこと，外国事業者6社が見積もり合わせの掲示に応じず，日本市場に参入しなかった事実が指摘されている。

（2）一定の取引分野の確定

　本CASEでは，独禁法第3条を適用し，「一定の取引分野」（同法第2条第6項）を，「我が国に所在するマリンホースの需要者が発注するものの取引分野」として画定した。世界規模での国際的市場分割カルテルであるが，取引分野として国内の事業者を対象とした市場に限定したものである。

　「一定の取引分野」については，以下の2つの見解があるが，いずれの見解によっても本CASEについては，実質的な競争制限効果を認定することが可能である。

 (i)　日本の純粋な国内市場だけでなく，輸入取引市場は輸出取引市場を含む広い市場を一定の取引分野とする考え方。

 (ii)　需要者が国内に所在する市場を一定の取引分野として画定し，国際的な市場分割カルテルであっても，日本に需要者が存在する市場に関する部分だけを切り取って，一定の取引分野とする考え方。

（3）外国事業者に対する排除措置命令と課徴金納付命令

　本CASEでは，排除措置命令の名宛人には，日本の事業者のほか，日本に営業所等を有しない外国事業者4社も含まれている。他方，課徴金納付命令の名宛人は，日本の事業者（ブリヂストン）1社であり，外国事業者は対象とされていない。

　排除措置命令の要件としては，対象となる行為が全体として日本市場へ直接的，実質的かつ予測可能な効果が及んでいることが必要になる。他方，課徴金納付命令については，加重要件として当該事業者に日本国内における現実の売上高があることが必要になる。

　本CASEでは，横浜ゴム株式会社は，調査開始前に課徴金減免申請[3]を行ったことから，課徴金の免除を受けた。しかし，外国事業者については，日本に所在するマリンホースの需要者から特定マリンホースを受注していないため日本国内における現実の売上高が存在せず，課徴金の納付を命じられなかった。

3．わが国におけるリニエンシー制度

　わが国における課徴金減免制度の下で，事業者がみずから関与したカルテル・入札談合について，その違反内容を公正取引委員会に自主的に報告した場合に，課徴金が減免される。公正取引委員会が調査を開始する前に他の事業者よりも早期に報告すれば，課徴金の減額率が大きくなる仕組みとなっており，公正取引委員会の調査開始日前と調査開始日以後とで合わせて最大5社まで（ただし，調査開始日以後は最大3社まで）に適用される仕組みである。事業

3　国際カルテルについては，近年，アメリカおよびヨーロッパにおける規制強化を受けてその密室性が高まり，摘発が困難となっている。そのため，最近の傾向としては，リニエンシー・プログラム（制裁金減免制度）に基づく事業者の自主的なカルテルの破棄を促進するインセンティブを促すといった制度が活用されている。

者自らがその違反内容を報告し，さらに資料を提出することにより，カルテル・入札談合の発見，解明を容易化して，競争秩序を早期に回復することを目的としている。

　原則として複数の事業者による共同の報告（共同申請）は認められないが，一定の要件を満たす場合は，同一企業グループ内の複数の事業者による共同申請が認められ，共同申請を行ったすべての事業者に同一順位が割り当てられる[4]。

REMARKS

　現代では，国際的な企業活動が活発になっており，独占による不正競争も国内の問題にとどまることはなく，国際的な問題となっている。独禁法第1条は「国民経済の民主的で健全な発達を促進することを目的」としており，この目的を達成するためにも，効果理論を用いた独禁法の外国企業への適用が図られている。わが国のみならず他の国々・地域も，国際機関を通じての多国間での国際協力および二国間協力協定により，国際カルテル等の問題について，他国と連携しながら取締りを強化している現状をふまえ，グローバル・コンプライアンス体制を強化すべきであろう。

【参考文献】

金井貴嗣＝川濵昇＝泉水文雄『独占禁止法　第6版』（弘文堂，2018年）

白石忠志『独禁法講義［第9版］』（有斐閣，2020年）

山本慎＝松本博明『独占禁止法における新しい課徴金減免制度―調査協力減算制度の導入―』（公正取引協会，2021年）』

4　制度の詳細については公正取引委員会のHPを参照。
　https://www.jftc.go.jp/dk/seido/genmen/genmen.html.

CHAPTER 19　外国公務員等贈賄

［ベトナム高官への贈賄事件］

FOCUS

　1997年に経済協力開発機構（OECD）は贈賄が貿易や投資を含む国際商取引において広範にみられる現象であること，そしてそれが深刻な道義的および政治的問題を引き起こし，良い統治や経済発展を阻害し並びに国際的な競争的条件を歪めていることを考慮して，世界的に外国公務員への贈賄を抑止および防止するために，「国際商取引における外国公務員に対する贈賄の防止に関する条約」を策定した。本条約の下で，「国際商取引において商取引又は他の不当な利益を取得し又は維持するために，外国公務員に対し，当該外国公務員が公務の遂行に関して行動し又は行動を差し控えることを目的として，当該外国公務員又は第三者のために金銭上又はその他の不当な利益を直接に又は仲介者を通じて申し出，約束し又は供与すること」は禁止された（第1条第1項）。

　上記条約の下で，わが国においては不正競争防止法に外国公務員贈賄罪を規定していて，国際商取引においてみずからの利益を得たり，維持するために，外国公務員に対して直接または第三者を通して，金銭等を渡したり申し出たりする行為は犯罪となる。その罰則は，5年以下の懲役もしくは500万円以下の罰金またはこれの併科である。さらに，両罰規定の下で法人に対する罰則は3億円以下の罰金と規定されている。

KEYWORDS

外国公務員贈賄禁止条約，不正競争防止法，ファシリテーション・ペイメント，イギリス賄賂法，外国公務員贈賄防止指針

CASE [1]

　被告会社は，東京都内に本店を置き，土木建築事業に関するマネジメントおよびコンサルティング業務等を目的とする株式会社である。被告人Aは，被告会社の陸上交通事業部道路技術部長または道路交通事業部長として陸上交通事業部道路技術部または道路交通事業部所管の業務を統括していた者であり，被告人Bは，被告会社のハノイ事務所所長としてベトナムにおける被告会社の営業活動等を統括していた者である。そして被告人Cは，香港に登記簿上の本店を置き，被告会社の実質的指揮監督下にある会社の登記簿上の代表者であった者である。

　被告人A，BおよびCは，ほか数名と共謀の上，2003年12月にベトナム国ホーチミン市にある東西ハイウェイ・水環境業務管理局事務所において，同S局長（サイゴン東西ハイウェイ建設事業に係る建設コンサルタントの選定，契約締結，契約代金支払等の契約履行，契約内容の変更等に関する権限を有していた外国公務員）に対し，被告会社が同業務管理局発注に係るサイゴン東西ハイウェイ建設事業に関するコンサルティング第一期・第二期契約締結等の謝礼として現金60万ドルを供与した。これは，同ハイウェイ建設事業に関するコンサルティング第一期契約および第二期契約締結等の謝礼として各契約金額の一部に相当する金額の現金を提供するとのS局長との約束に基づくものであり，これにより前記各契約の履行を確保し，前記コンサルティング第一期契約の第一回追加変更契約を早期かつ有利な条件で締結するなど，今後被告会社に有利な取り計らいを受けたいとの意図の下で供与された。

　さらに，被告人Aおよび同Cは，被告会社の代表取締役専務・営業本部長として被告会社の業務全般を統括していた者ほか数名と共謀の上，被告会社の業務に関し，2006年8月に，前記管理局事務所において，S局長に現金22万ドルを供与した。これは，S局長との約束を実行して前記各契約の履行を確保するとともに，前記コンサルティング第一期契約の第三回追加変更契約を早期かつ有利な条件で締結するなど，今後被告会社に有利な取り計らいを受けたいとの意図の下で供与された。

　わが国の刑法上の贈賄罪は，国内の公務員（みなし公務員を含む）に対する贈賄がその処罰対象となるが，被告人等による上記の行為はわが国の法令に抵触するか。また，被告会社は被告人等による贈賄について法的責任を問われるか。

1　平成21年1月29日東京地裁判決（判例時報2046号159頁）[確定]。

1．外国公務員に対する贈賄と行為者の処罰

　不正競争防止法第18条第1項は，「何人も，外国公務員等に対し，国際的な商取引に関して営業上の不正の利益を得るために，その外国公務員等に，その職務に関する行為をさせ若しくはさせないこと，又はその地位を利用して他の外国公務員等にその職務に関する行為をさせ若しくはさせないようにあっせんをさせることを目的として，金銭その他の利益を供与し，又はその申込み若しくは約束をしてはならない」と規定する。OECD（経済協力開発機構）が1997年に採択した「国際商取引における外国公務員に対する贈賄の防止に関する条約」に基づく義務を，わが国が国内で履行するために1999年に不正競争防止法が改正され，その後改正が重ねられている。

　上記は外国公務員等に対する不正の利益の供与等を禁止することによって国際商取引における企業の公正な競争を確保し，国際商取引の健全な発展を促進しようという国際的な取組みに協調する形で制定された規定である。本贈賄禁止規定の違反の際の罰則として，同法第21条第2項は，違反行為者について5年以下の懲役もしくは500万円以下の罰金に処し，または併科すると規定している。本贈賄禁止規定のわが国における執行事例として，2007年に福岡市の電気工事会社によるフィリピン国の公務員に対する贈賄事件を挙げることができるが，この事件では，同社社員2名に，それぞれ罰金50万円および20万円の略式命令が下された[2]。本事件は外国公務員に対する贈賄事件としては，わが国で初めて公判請求された事件である[3]。

2．外国公務員への贈賄と法人罰

　不正競争防止法第22条第1項は，法人の代表者やその代理人，使用人その他の従業員が，当該法人の業務に関し，本贈賄禁止規定に違反したときは，その行為者を罰するほか，当該法人に対して3億円以下の罰金刑を科すと規定している。わが国において上記のような両罰規定の法的性質は，過失推定説に基づ

2　平成19年3月16日福岡簡裁命令（判例集未掲載）。
3　本贈賄禁止規定に関連して不正競争防止法第21条第6項（刑法第3条に基づく属人主義）および同第22条第1項が初めて適用された事例でもある。

き理解されている[4]。したがって,「違反行為者が従業員である場合は,代表者等の法人の機関の監督義務違反が法人の過失として監督責任が認められ,それゆえ,無過失免責の可能性が認められるが,違反行為者が法人の代表者等の機関である場合には,機関の故意・過失責任がそのまま法人の行為責任となり,免責の余地はないとするもの[5]」と考えられる。本CASEにおいては,「被告会社においてコンサルティング契約の受注等に際して外国公務員に現金を供与することが常態化していた中で,被告会社幹部の了承の下,外国公務員との連絡・交渉役,現金の準備・運搬役,現金の渡し役,経理の偽装役等の役割を分担するなど,巧妙に,組織的かつ計画的に行われたものである」と判決に述べられているように,被告会社の幹部の関与が認められることから,仮に被告会社が無過失免責を主張したとしても,それが裁判所に認められる余地はなかったであろう。結局,裁判所は,①被告会社が国際協力銀行から24カ月の円借款事業に関する受注失格処分を受けていること,②被告会社が社会的信用を失い海外事業からの撤退を余儀なくされるなど相当の社会的制裁を受けていること,③被告会社は法的・社会的責任を果たした後に清算に向けた手続きに入る予定であること,および,④被告会社は,これまでアジア諸国の開発援助に長年の貢献をしてきたこと等の事情を総合的に勘案して,被告会社に7,000万円の罰金刑を言い渡した。

3.ファシリテーション・ペイメントとは何か

　ファシリテーション・ペイメントとは,通常の行政サービスに係る手続きの円滑化のみを目的とした少額の支払であり,一部の発展途上国においてはこのような支払が慣行化されている。アメリカの連邦海外腐敗行為防止法(Foreign Corrupt Practices Act)の下で,外国公務員等による日常的な政府の活動(routine governmental action)の実行を促進し(expedite),あるいは確保する(secure)ために提供されたfacilitating or expediting paymentには,罰則は適用されない。もっとも,日常的な政府の活動には,裁量を伴うものは含まれないとし,また,金額の高低よりもむしろ「腐敗の意図」があるかが,ファ

4　昭和40年3月26日最高裁判決(最高裁判所刑事判例集19巻2号33頁)。
5　西田典之「両罰規定と法人の過失」別冊ジュリスト166号8〜9頁。

シリテーション・ペイメントとして許される支払か否を判断するに当たっての判断材料となる。

　この点，OECD外国公務員贈賄防止条約の注釈も，少額のファシリテーション・ペイメントは，営業上の不正な利益を得るためになされたとは解されず，犯罪とはならないとして，ファシリテーション・ペイメントの例外を認めているが，近時はファシリテーション・ペイメントに対する批判は強く，イギリスのSerious Fraud Officeは，イギリス賄賂法（Bribery Act 2010）においてファシリテーション・ペイメントは違法であると明記している。わが国の経済産業省も，「外国公務員贈賄防止指針」の中で，「少額のFacilitation Paymentsであるということを理由としては処罰を免れることはできない」と明記している。

4．外国公務員贈賄防止指針[6]

　わが国の経済産業省が策定した「外国公務員贈賄防止指針」は，国際商取引に関連する企業における外国公務員等に対する贈賄防止のための自主的・予防的アプローチを支援することを目的として策定され，防止体制の構築のためのベストプラクティスを例示している。その基本的な考え方は，①国内外の関係法令を遵守し，企業価値を守るために，外国公務員贈賄防止体制を構築・運用することが必要であり，②「法令を遵守する」という経営トップの姿勢・メッセージが重要であることから，「賄賂は会社のためになる」という従業員の誤った認識を断ち切るため，経営トップの姿勢が全従業員に対して明確に，繰り返し示されることが効果的であり，③進出国，事業分野別のリスクおよび贈賄提供に利用されやすい行為類型を勘案した「リスクベース・アプローチ」により，高リスク行為に対する対策を重点的に実施する必要があり，そして④親会社は，企業集団に属する子会社において，リスクの程度を踏まえた防止体制が適切に構築され，また，運用されることを確保する必要があるとするものである。

　各企業における具体的な防止体制の構築・運用の内容については，その事業実態に応じたリスクの大小や見込まれる効果を踏まえた，役員等の広い裁量に

6　https://www.meti.go.jp/policy/external_economy/zouwai/overviewofguidelines.html.

委ねられるとしつつ，①目先の利益より法令を遵守する，外国公務員贈賄罪に当たる行為を行わないという基本方針の策定，②高リスク行為について，リスクベース・アプローチに基づき社内手続きや判断基準等の社内規定の策定，③社内の役割分担，権限および責任が明確となるよう，企業規模等に応じ，内部統制を踏まえた組織体制の整備，④社内における教育活動の実施，⑤防止体制が機能しているかの監査の実施，そして⑥監査結果を踏まえ，経営者やコンプライアンス責任者等による防止体制の見直しが必要であるとしている。

REMARKS

　国際会計事務所がグローバル企業を対象に，贈賄などの不正行為リスク対応について調査を実施した結果，新興国への投資や途上国での代理店など，不正リスクへの対応は未だ不充分であることが判明している[7]。贈賄事件は一度発生すると巨大な損害を生じかねないことから，既存のコンプライアンス・プログラムを見直し，グローバルに展開可能なプログラムを再構築することが必要である。2011年7月に発効したイギリスの2010年賄賂法第7条は，外国公務員等に対する贈賄等の禁止行為に法人の代表者や従業員が違反した場合の法人罰規定であるが，本条に関連して法人が適切なコンプライアンス措置を講じていることを立証した場合は，法人による抗弁が可能であり，政府により公表されたガイダンスに従ってコンプライアンス体制を制定するに止まらず，それを効果的に実施することが推奨されている。また，アメリカの連邦海外腐敗行為防止法に違反した場合の法人罰の減刑に関しては，連邦量刑ガイドラインが参照されるが，この基準を満たすコンプライアンス・倫理プログラムの遵守によって一定の減刑が可能となる。グローバルに企業活動を展開する企業は，こうした諸外国の法制も参考にした上で実効的なコンプライアンス・プログラムを再構築すべきであろう。

【参考文献】

森・濱田松本法律事務所　グローバルコンプライアンスチーム編『海外進出企業のた

7　2013年4月22日付日本経済新聞記事。

　めの外国公務員贈賄規制ハンドブック』（商事法務，2018年）

國廣正＝五味祐子＝中村克己＝池田晃司『海外贈収賄防止コンプライアンスプログ
　ラムの作り方　改訂版』（第一法規，2019年）

北島純『解説　外国公務員贈賄罪─立法の経緯から実務対応まで』（中央経済社，
　2011年）

CHAPTER 20 FCPAの適用拡大

[ナイジェリア高官への贈賄事件]

FOCUS

　ロッキード社が自社の航空機の採用を求めて日本政府高官に金品を贈ったロッキード事件など，当時の腐敗した国際ビジネス慣行を抑止し，アメリカの企業システムの正当性に対する公衆の信頼を回復すべく，連邦議会は，1977年に連邦海外腐敗行為防止法[1]（FCPA）を制定した。FCPAは主に，外国公務員に対する賄賂の支払を禁止する贈賄禁止条項，およびアメリカ証券取引法[2]に基づく会計の透明性を要求する会計条項とで構成されている。同法の規定に違反した者（個人）に対する罰則は，5年以下の禁錮もしくは25万ドル以下の罰金またはその併科と規定され，法人に対しては，200万ドル以下の罰金と規定されているが，これらに代えて違法行為で被告が得た利益または被害者のこうむった損害の2倍額相当の罰金を科されることがある。

　FCPAは，その適用範囲の広さに特徴が見出されるが，アメリカ司法省は海外の企業に対するFCPAの執行も強化しており，本CASEにおいてはナイジェリアの高官に対する日本企業による贈賄がアメリカ司法省によって摘発された。

　伝統的な経済構造から市場経済に移行する過渡期にある新興経済諸国では，前近代的市場経済に存在する経済障壁が広く残存している場合が多い。そこに企業が参入するためには，経済障壁を打破しなければならないが，その近道は賄賂の支払を通じて迅速に問題を解消することである。しかし，企業は腐敗行為が貧困を助長する側面を有する現実を直視し，腐敗行為の防止に努める必要がある。

1　Foreign Corrupt Practices Act of 1977, 15 U.S.C. 78m, et seq.
2　Securities Exchange Act of 1934.

KEYWORDS

海外腐敗行為防止法，賄賂禁止条項，会計条項，州際通商手段，グローバルコンパクト

CASE[3]

　2012年にアメリカ司法省（DOJ）は，日本の総合商社（商社）がFCPAに違反してナイジェリアの公務員への贈賄にかかる共謀に関与したことに対して多額の罰金の支払を求める訴追延期合意書（Deferred Prosecution Agreement）を提出した。この合意により，商社は，企業コンプライアンス・コンサルタントを起用した上で継続中のDOJの捜査に協力する義務を負担した。商社が訴追延期合意の条件に従う限り，商社に対する公訴は2年後に取り下げられる。

1．本CASEの解説

　本CASEは，日本のエンジニアリング会社を含む大手企業4社による合弁会社（TSKJ）が，ナイジェリアにおける液化天然ガス施設を建設する契約の受注と引き換えにナイジェリアの公務員に贈賄を行う計画を立てたことに端を発する[4]。DOJは商社が贈賄行為の仲介人であると断じた。1995年から2004年までの間に，TSKJは，プロジェクト遂行のためにナイジェリア政府が設立した会社（ナイジェリアLNG社）から4つの契約を受注した。ナイジェリアの公務員に対する贈賄の段取りは商社が行ったが，TSKJが獲得した契約は総額60億ドルを超えた。

　TSKJを構成する企業は，既にFCPA違反の共謀の事実並びに贈賄罪を認め，多額の罰金支払に同意していた。横浜に本社を置く日本のエンジニアリング会社で合弁会社への出資者も2011年4月に訴追延期合意書を提出し，FCPA違反

3　DOJリリースNo. 12-060「丸紅株式会社，海外腐敗行為防止法上の捜査で和解し，5,460万
　　ドルの罰金支払いに同意」（2012年1月17日），〔http://www.justice.gov/opa/pr/2012/
　　January/12-crm-060.html〕。

4　起訴情報，United States v. Marubeni Corp.,Case No. 4：12-cr-00022（S.D. Tex. Jan. 17,
　　2012）。

行為の共謀と幇助の罪を認めて多額の罰金を支払った[5]。商社は，その構成企業の中で最後に違法行為を認める形となった。

　商社は，FCPAの発行者条項および国内企業等に関する条項の違反にかかる共謀並びにアメリカ企業による国内企業等に関する条項違反の幇助の罪に問われた。商社の担当者は，テキサス州ヒューストンで個人被疑者と会い，違法行為の協議をしたとされる。これは，「アメリカの領土内」で「（賄賂の）支払を促すあらゆる行為」というFCPAの違反要件を満たしている[6]。この他，アメリカに関連して行ったとされる行為には，アメリカ国内での商社の共謀者の活動に加えて，商社がヒューストンに在住する個人被疑者宛にファックスで手紙を送ったことも含まれていた。

　商社は，上記にもかかわらず，アメリカ国内企業等に関する条項に関して共謀および幇助の罪に問われた。この共謀罪と幇助罪を適用することでFCPAが適用される範囲は一段と拡大されることになる。

2．FCPAの適用範囲

　既に述べた通り，FCPAは贈賄禁止条項と会計条項によって構成されている。贈賄禁止条項は，上場企業，国内企業，またはいかなる者であっても，不正に，外国公務員，外国の政党，もしくは，政治職の候補者に対して，当該外国公務員がその義務に反する行為をするよう影響を与える目的で，または取引を獲得しもしくは維持するために，いかなる有価物であってもその支払をし，もしくはその申し出をするために，州際通商手段[7]を利用することを禁止している。また，直接外国公務員に賄賂を支払うことはもちろん，第三者（仲介者，エージェント等）を通じて間接的に支払うことも禁じられている。これらの贈賄の金額または価値の多寡は問題とされないが，円滑化のための支払（いわゆるファシリテーション・ペイメント）については，外国公務員が，いずれにして

5　DOJリリースNo. 11-431「日揮株式会社，海外腐敗行為防止法上の捜査で和解し，2億1,880万ドルの罰金支払いに同意」（2011年4月6日），[http://www.justice.gov/opa/pr/2011/April/11-crm-431.html]。

6　15 U.S.C. § 78dd-3（a）.

7　例えば，州をまたがっての（米国のある州と外国との間のものを含む），電話・テレックス・電子メール等の通信手段や電車・飛行機等の交通手段等を指す。

も遂行しなければならない義務のある職務を，円滑かつ迅速に行わせるために支払として区別している。

　贈賄禁止条項が適用される対象は，上場企業[8]，国内企業[9]および「いかなる者」（企業と個人の双方を含む）と規定されている。

　他方で，会計条項は，上場企業にのみ適用される。同条項は対象となる企業に対して，その取引関係を正確公正に反映する会計書類を作成して保管し，また，会計の内部統制のための適切なシステムを策定維持することを義務づけている。

3．FCPAの摘発事例[10]

　ドイツの総合電機企業であるシーメンスおよびその子会社が，イラク，アルゼンチン，バングラデシュ，ベネズエラ，中国，イスラエル，メキシコ，ロシアおよびベトナムにおける各プロジェクトに関して，外国公務員に対する贈賄行為を行い，FCPAの内部統制条項および帳簿記録条項に違反したとして，アメリカ司法省との司法合意に基づく罰金4億5,000万ドルの支払および証券取引委員会との合意に基づく違法収益3億5,000万ドルの返還に応じた。DOJの略式起訴状[11]によれば，シーメンスおよびその子会社が2001年から2007年までの間に各国の公務員に対して行った総額8億ドルを超える支払の全部または一部について，不正の意図があったとされている。

　アメリカ司法省が，シーメンスおよびその子会社との司法取引に際して裁判所に提出した量刑メモランダム[12]によれば，同社は当局による調査に協力するために，34カ国において1,750回を超えるヒアリングを行い，1億件以上の

8　1934年証券取引法に基づいてその持分が登録されているか，または同法に基づく報告書の提出が義務づけられている企業。

9　アメリカ合衆国の法律の下に設立されたか，またはアメリカ合衆国に主要な事業所を置いている，会社その他の企業を指す。

10　司法省プレスリリース：http://www.justice.gov/archive/opa/pr/2008/December/08-crm-1105.html.
　　アメリカ証券取引委員会プレスリリース：https://www.sec.gov/news/press/2008/2008-294.htm.

11　http://www.justice.gov/criminal/fraud/fcpa/cases/siemens/12-12-08siemensakt-info.pdf.

12　http://www.justice.gov/criminal/fraud/fcpa/cases/siemens/12-12-08siemensvenez-sent.pdf.

文書を収集してその多くを検索・レビューする等，徹底的な内部調査を行った。
弁護士および会計士が調査のために使った時間は延べ150万時間を超え，文書
の保全および調査に要した費用だけでも1億ドルを超えていた。また，同社は，
当局の調査を契機として，再発防止のための措置を講じ，コンプライアンス体
制を抜本的に強化した。具体的には，大部分の経営層を入れ替えるとともに，
コンプライアンス部門を拡大して全世界で500人を超える専属スタッフを配置
し，コンプライアンス責任者および監査責任者の権限・責任を強化し，各種規
定の整備および周知を徹底した。

4．コンプライアンス体制構築により法人処罰が免除された事例[13]

　モルガン・スタンレーの不動産グループの上海事務所にマネージング・ディ
レクターとして勤務していた者が，現地における不動産投資に関し，中国の政
府機関の役職員に対して贈賄行為を行った。同事案においては，当該マネージ
ング・ディレクターは，刑事罰として9カ月の禁錮刑が科せられ，また，民事
上の制裁として，違法収益の吐き出しとして約24万ドルの支払および贈賄行為
により得た利益の放棄が命じられ[14]，また行政上の制裁として米国証券取引委
員会より証券業等への永続的な従事禁止が命じられた[15]。これに対し，モルガ
ン・スタンレーに対しては，アメリカ司法省は，同社が行為当時，従業員が贈
賄行為を行っていないと合理的に信じるようなコンプライアンス体制を構築し
ていたこと，アメリカ司法省に本件違反行為を自主申告して調査に全面的に協
力したことなどを考慮し，FCPA違反に基づく執行をしないこととした[16]。
　上記は，違反行為があった当時に法人が効果的なコンプライアンス体制を有
していたことが，法人に対する制裁を免除または軽減する方向の一要素として
考慮された事案である。上記マネージング・ディレクターに対する略式起訴

13　アメリカ司法省プレスリリース：http://www.justice.gov/opa/pr/former-morgan-
stanley-managing-director-pleads-guilty-role-evading-internal-controls-required.
14　刑 事 訴 訟 の 判 決：http://www.justice.gov/criminal/fraud/fcpa/cases/petersong/
petersong-judgment.pdf.
15　アメリカ証券取引委員会による決定書：https://www.sec.gov/litigation/admin/2012/ia-
3501.pdf.
16　上記アメリカ司法省プレスリリース参照。

状[17]によれば，当該マネージング・ディレクターがモルガン・スタンレーに
勤務していた2002年から2008年の間，モルガン・スタンレーは，①コンプライ
アンス業務に500名を超える担当者が専属的に従事し，②コンプライアンス部
門による経営層への報告（CEOおよびシニアマネジメント委員会に定期的に
報告，取締役に直接報告することも可能）し，かつ，③モルガン・スタンレー
の贈賄防止ポリシー等を用意し，従業員の研修等を担当する専任の贈賄防止専
門家を雇用するなど実効的なコンプライアンス体制を構築していた。

REMARKS

　世界銀行によれば，贈収賄は1兆ドル規模の産業に成長してしまった。2004
年に国連グローバル・コンパクト・リーダーズサミットにおいて国連グローバ
ル・コンパクトの10番目の原則として腐敗防止（企業は，強要や贈収賄を含む
あらゆる形態の腐敗の防止に取り組むべきである）が加えられたが，この背景に
は，腐敗は貧しい地域に不当な影響を及ぼし，社会構造そのものを腐食する深刻
な課題であり，持続可能な社会の発展にとって大きな障害になっているとの共通
認識が存在する。また，腐敗はずさんな環境管理につながり，労働基準の遵守を
損なうなど環境破壊や基本的人権の制約にも直結していて，さらに薬物売買や組
織的な犯罪やマネーロンダリングまでも助長している。

　企業経営に関しては，世界的にコーポレート・ガバナンスの重要性が認識され
つつあり，企業は自社の評判と株主の利益を守るメカニズムの一環として重点的
に腐敗防止措置に取り組む姿勢を示している。企業の内部統制がますます幅広い
倫理的価値観と誠実性の問題にまで拡張している今日において，企業は健全な企
業活動の維持促進に向けて，グローバル・コンパクトの第10原則を遵守し，腐
敗根絶という世界規模の課題に取り組むべきである。

17　http://www.justice.gov/criminal/fraud/fcpa/cases/petersong/petersong-information.
pdf.

【参考文献】

Robert W. Tarun and Peter P. Tomczak, The Foreign Corrupt Practices Act Handbook: A Practical Guide for Multinational Counsel, Transactional Lawyers and White Collar Criminal Practitioners（American Bar Association, 2019）

Martin T. Biegelman and Daniel R. Biegelman, Foreign Corrupt Practices Act Compliance Guidebook: Protecting Your Organization from Bribery and Corruption,（Wiley Corporate F&A, 2010）

CHAPTER 21　安全保障貿易管理

［イラン向けジェットミル不正輸出事件］

FOCUS

　第二次世界大戦後の冷戦時代においては，東西の軍事バランスを崩すおそれのある貨物等について，資本主義諸国から共産圏諸国に対する輸出等を防止するため，対共産圏輸出統制委員会（COCOM。通称ココム）が1954年に設立され，その後このココムによる国際的な輸出管理が行われてきた。その後，1980年代におけるミサイル開発の活発化を契機に，大量破壊兵器の運搬に寄与し得るミサイル，ロケット，無人航空機およびその部分品などのミサイル関連の資機材・技術の輸出規制を目的として，1987年にミサイル・テクノロジー・コントロール・レジーム（MTCR）が発足し，日本を含め33カ国がこれに加盟した。

　わが国においては，MTCRをもとに，外国為替及び外国貿易法（以下「外為法」という）に基づく輸出貿易管理令が1988年に改正され，粒子が球形で，その大きさが均等であり，かつ，その径が500ミクロン未満の過塩素酸アンモニウムの粉砕装置および試験装置並びにこれらの部分品の輸出について，通商産業大臣の許可を受けなければならないこととされた。その後，MTCRでは，国際情勢の変化を踏まえ，ミサイル関連貨物に関する規制対象貨物のガイドラインを見直して規制対象を拡大する旨の検討がされ，わが国においても，1991年に輸出貿易管理令を改正してジェットミル等の装置や部分品について輸出規制の対象とした。

KEYWORDS

安全保障貿易管理，外国為替及び外国貿易法，輸出貿易管理令，リスト規制，キャッチオール規制

CASE[1]

被告人Aおよび被告人Bは，同じく被告人である日本法人（粉体工学機器の販売等を目的として設立された株式会社）のそれぞれ代表取締役および海外営業課長代理である。AおよびBは共謀して外為法が輸出を規制している推進薬の原料である過塩素酸アンモニウムを粉砕するためのジェットミル[2]（シングルトラック・ジェットミルー200）1台を，通商産業大臣の許可を受けないで船積みさせて，イラン・イスラム共和国のバンダーアッバス港に向けて輸出した。また，「シングルトラック・ジェットミルー475」1台については，その輸出申告を行うに際して，実際には外為法に基づき，同貨物は通商産業大臣の許可を受ける必要があるにもかかわらず，その事実を偽って輸出申告をし，前記「シングルトラック・ジェットミルー475」1台を船積みさせて，イラン・イスラム共和国のバンダーアッバス港に向けて輸出した。

被告人等の弁護人は，外為法の輸出規制の対象となるジェットミルは，過塩素酸アンモニウム等の物質の特性に着目し，これを粉砕する専用品として設計，製造されたか，過塩素酸アンモニウム等を粉砕するのに用いる目的でその設計，構造，材質等に着目して国際的に取引されるジェットミルであるが，上記のジェットミルは，過塩素酸アンモニウム等粉砕の専用性，目的性を有していないか，または過塩素酸アンモニウム等を継続的かつ安全に粉砕することができるジェットミルとしての仕様，能力を備えていないので，いずれも，通商産業大臣の許可を要するジェットミルには該当しないと主張した。また，弁護人は，AとBはともに本件各ジェットミルが通商産業大臣の許可を受けなければならない貨物であるとの認識を欠いており，これは社会的にみても相当の理由があるので，事実の錯誤に当たり，被告人Aおよび被告人Bには本件各犯行の故意・共謀がない，などとも主張した。

---

1 平成16年10月15日東京地裁判決（平成15年（特ワ）3940号）。
2 一般に，物質を粉砕する機械であるミルのうち，数気圧以上の圧縮空気または高圧蒸気あるいは高圧の不活性ガスを噴射ノズルより噴出させて発生させたジェット気流によって砕料粒子を加速し，加速された粒子同士の衝突または加速された粒子と衝突板との衝突による衝撃作用や摩擦力によって砕料を微粉砕する粉砕機を総称してジェットミルと呼び，気流粉砕機，ジェット粉砕機とも呼ばれる。

1．本CASEの解説

　裁判所は，AおよびBは，いずれも，本件各ジェットミルに関し，それが輸出貿易管理令による規制対象貨物であることを認識しながら，被告会社においては被告会社の業務に関し，Bにおいては，本件各ジェットミルの販売担当者として，法令違反行為をなしたと認定した。またAは，被告会社の代表取締役としてその各輸出を決裁し承認したものであるとして，被告会社に罰金1,500万円，Aに懲役2年6月，そしてBに懲役1年6月をそれぞれ科した。裁判所は，特にBについて，輸出先がイランの国防省関連の組織・団体であると考えながら，部下らを通じて事情を知らない通関業者らをして本件各ジェットミルを無許可で輸出せしめた責任は重いと断じた。

2．安全保障貿易管理とは何か

　わが国をはじめとする主要国は，武器や軍事転用可能な貨物・技術が，わが国および国際社会の安全性を脅かす国家やテロリスト等，懸念活動を行うおそれのある者に渡ることを防ぐため，先進国を中心とした国際的な枠組み（国際輸出管理レジーム）を作り，国際社会と協調して輸出等の管理を行っている。わが国においては，この安全保障の観点に立った貿易管理の取組みを，外為法に基づき実施していて，その下位規範として，輸出貿易管理令（武器の開発につながる物の輸出を規制する法律）および外国為替令がある。

　ここで，国際輸出管理レジームとは，大量破壊兵器や通常兵器の不拡散の観点から，国際間の物品，技術等の移動制限について多国間で取り決める安全保障貿易管理の枠組みである。具体的には，第二次世界大戦中に日本に対して使用され，その後数カ国が保有するに至った核兵器や，イラン・イラク戦争で使用された化学兵器や生物兵器などの一般市民を巻き込む兵器，さらに一般の兵器や送達手段であるミサイルを含め，その国際間の移動を制限することで安全保障を図るべく，国際間で具体的に制限する項目や具体的な技術上の内容などについて各国の代表が話し合い，明確に取り決めるものである。その合意の基礎となり，または補完する国際条約として核拡散防止条約（NPT），生物兵器禁止条約（BWC），化学兵器禁止条約（CWC）がある。

3．リスト規制とは

　リスト規制品の詳細は，輸出貿易管理令に定められているが，軍事転用が懸念される物品や技術（民生用でも軍事用に使うこともできるデュアル・ユース品など）が，大量破壊兵器や武器などの製造・開発に使われないようにするための規制である。わが国から物品や技術を輸出する者は，まずこのリストをもとに該非を判定して，該当する場合は経済産業省（経済産業大臣）の輸出許可を取得しなければならない。なお同制度は，規制対象品目，客観要件（輸出者が需要者と用途を確認した結果，軍用に用いられる恐れがある場合）およびインフォーム要件（経済産業大臣から許可申請すべき旨の通知を受けた場合）に基づき，輸出規制となる品目，用途や需要者を定めることによって，リスト規制による「規制漏れ」を補完していて，これをキャッチオール規制という。

　輸出貿易管理令が定めるグループA国（通称「ホワイト国」）26カ国[3]はキャッチオール規制の対象外であるが，それ以外の国は上記の客観要件，またはインフォーム要件に接触する製品を輸出する際には，契約ごとの個別許可を経済産業大臣から受けなければならない。

4．その他の規制（キャッチオール規制）

　上記のとおり，輸出貿易管理令別表第1の16項に該当する貨物（リスト規制対象品目以外で食料や木材等を除くすべての貨物・技術）のうち，本邦以外の地域を仕向地とする船荷証券により運送されたものを輸出しようとする貨物が，大量破壊兵器等の開発等のために用いられる恐れがある場合は経済産業大臣の許可が必要となる。キャッチオール規制は，大量破壊兵器および通常兵器の2種類の規制で構成され，テロ組織などによる兵器の開発や製造を抑止している。

5．わが国の企業の安全保障貿易管理の状況

　2020年に経済産業省が公表した資料によると，2019年度における外為法違反事例の50％相当は輸出管理体制の不備・形骸化および知識不足など「管理体制」の違反であり，次いで判定誤り，未実施および他者判定鵜呑みなど「該非

3　2019年8月末現在で，アメリカ合衆国，カナダ，オーストラリア，ニュージーランドのほか欧州各国など合計26カ国。

判定」の違反は41％であった[4]。

　また，ココム時代からの主要な不正輸出事件の概要と罰則，行政制裁等の内容については，一般社団法人安全保障貿易管理センターが公表している[5]が，最近の事例として，炭素繊維の不正輸出事件が挙げられる。経済産業省は，東レインターナショナル（株）より，同社が外国為替及び外国貿易法に基づく輸出許可を取得して中国に輸出した炭素繊維が流出した旨の報告を受けて，2020年12月に，同社に対し，貿易経済協力局長名により再発防止と厳正な輸出管理を求めることなどを内容とする警告を行った[6]。同省によると，一部の炭素繊維が，経済産業省から許可を取得した輸出先以外の事業者に流出している事実が確認された。こうした事態を招いた背景として，①契約当事者として外為法の輸出許可を要する貨物に関して顧客や用途を確認する取引審査を厳格に行うべき立場であったにもかかわらず，中国の現地子会社および現地社員に取引審査を一任していたこと，②輸出先等の取引審査を適切に実施していなかったこと等，内部管理体制の不備があったものと判断された。

　なお，炭素繊維は貨物等省令第1条第22項，第3条第15項等に記載されているため，安全保障貿易管理の対象品目である。上記事例で不正に流出した炭素繊維は航空機の材料などに用いられ，軍事転用が可能である。

4　令和2年10月 経済産業省 貿易経済協力局「外為法違反事例について（安全保障貿易関係）【令和元年度】：https://www.meti.go.jp/policy/anpo/gaitameho_document/ihanjireigaitamehou.pdf.

5　https://www.cistec.or.jp/export/ihanjirei/index.html.

6　https://www.cistec.or.jp/export/ihanjirei/ihan_data/20201222china.pdf.

REMARKS

　我々の身の回りにある民生品の多くは，軍事転用可能な製品・技術に該当することを認識すべきである。前述した国際レジームの下では毎年，新たな軍事転用可能な製品が追加され，製品・技術の輸出規制リストに遺漏がないように調整がなされている。そして，国際レジームで合意された内容は，わが国において，輸出貿易管理令などの外為法の政省令に反映され，規制対象貨物等が規定されている。これらの規制に反して輸出を行うことは，単に法令違反行為を構成するばかりでなく，懸念国家やテロリストらの策略を助長することとなり，国際社会の安全を脅かす行為であるので，各企業は法令遵守につとめ，自主管理について細心の注意を払う必要がある。

　万一，不正輸出がなされた場合には，外為法や関税法違反により，強制捜査を経て，役職員から逮捕者が出るなど，企業の社会的責任が問われるであろう。また，外為法に基づき一定期間の輸出禁止という行政制裁措置が科されることもある他，包括許可の取り消し，通関上の優遇措置の取り消しによる経済的損失も大きい。さらには株主代表訴訟を提起され経営者が責任を問われる恐れもあるため，実効性のあるコンプライアンス・プログラムの策定と実施が必要となる。

【参考文献】

田上博道＝森本正崇『輸出管理論―国際安全保障に対応するリスク管理・コンプライアンス［理論と実際シリーズ］』（信山社，2009年）

浅田正彦編『輸出管理―制度と実践』（有信堂高文社，2012年）

CHAPTER 22　資金洗浄規制

[犯罪収益法違反事実の開示義務違反事件]

FOCUS

　犯罪収益移転防止法（犯罪による収益の移転防止に関する法律。以下「犯収法」という）は，犯罪による収益が組織的な犯罪を助長するために使用されるとともに，犯罪による収益が移転して事業活動に用いられることにより健全な経済活動に重大な悪影響を与えること，そして犯罪による収益の移転がその剝奪や被害の回復に充てることを困難にするものであることから，犯罪による収益の移転の防止を図り，国民生活の安全と平穏を確保するとともに，経済活動の健全な発展に寄与することを目的として制定された。

　犯収法第4条は，犯罪による収益移転の防止やテロリズム，その他反社会的勢力に対する資金供与の防止を徹底するため，金融機関等に対し厳格な本人確認義務等を課した規定である。同規定に基づき，金融機関などが取引時に本人確認を実施すること，取引記録を保存しておくこと，疑わしい取引は届け出る義務があることなどが定められている。さらに，2020年4月から施行された改正施行規則の下で本人確認は一層の厳格化が図られた。

KEYWORDS

マネーロンダリング規制，犯罪による収益の移転防止に関する法律，特定事業者，本人確認義務

CASE[1]

　原告Xは，タックスリース・アレンジメント事業，保険仲介人に関する事業，不動

1　平成30年7月20日東京地裁判決（金融法務事情2117号81頁）。

産関連事業およびM＆Aアドバイザリー事業などを業とする日本法人であり，被告Y
は，財産の管理，企業コンサルティングおよび企業経営などを業とするスイス法人で
ある。Xは，Yから，その完全子会社であった株式会社（信託を業とする会社。以下
「対象会社」という）をその株式のすべてを買い受ける方法によって買収したところ，
Yが同買収に係る株式譲渡契約（以下「本件株式譲渡契約」という）締結の際に対象
会社が日本の法令を遵守して業務を遂行していると表明保証したにもかかわらず，対
象会社には，その事業として締結していた信託契約に犯罪による収益の移転防止に関
する法律（以下「犯収法」という）第4条第1項に違反する本人確認義務違反等が
あったとして，Xが，Yに対し，本件株式譲渡契約上の表明保証違反に係る補償条項
に基づき，表明保証違反により生じた損害の支払を求めた事案である。

　Xは，信託業への参入を検討していたところ，2014年6月からYと対象会社の買
収交渉を開始した。Xは，同年7月から約2週間をかけて対象会社についてデュー
ディリジェンスを行ったほか，同年9月には，Yに対し，既存の信託口座の本人確認
手続きに関する質問を行うなど，対象会社の顧客としての適格性に問題ないことを確
認した。そして，XとYは，同年10月に株式譲渡契約を締結したが，同契約には，Y
がXに対し，本件株式譲渡契約締結日において，「対象会社は，業務を遂行するに当
たり，対象会社に適用される日本の法令の重要な点についてすべて遵守してきた」と
いう内容の表明，およびYは，本件表明保証条項に違反した場合には，Xの被った損
害，損失または費用を支払うとする保証条項が含まれていた。

　犯収法に基づき信託会社は，自然人である顧客と信託契約を締結する場合，顧客か
ら，信託契約上の住所が記載されている運転免許証等の本人確認書類の提示を受ける
必要がある。しかし，同年12月に対象会社の内部監査部長は，対象会社の経営会議
において，一定の契約について，本人確認書類に不備があったことを報告したため，
XはYにおいて本件表明保証条項違反が認められるとして，損害賠償請求訴訟を提起
した。

1．本CASEの解説

　裁判所は，対象会社が，その顧客と締結した各契約において，当該顧客の犯
収法施行規則上要求されている本人確認書類の提示を受けていない事実を確認
した。また，対象会社が訴外当事者に本件各契約に係る信託財産の運用を委託

したことは，対象会社が金融商品取引法第61条第1項所定の「金融商品取引業者のうち投資運用業を行う者その他政令で定める者」に当たらないため，同項に違反するものといわざるを得ず，かかる点についても本件各契約には法令違反があると認定している。

　そして，以上から，対象会社の法令遵守の状況につき，Yにより表明保証された内容と実際には相違があり，さらに信託契約に関する本人確認手続きの状況についての情報開示の内容にも，正確性に欠ける点があったと認められるので，Yには本件株式譲渡契約上の表明保証条項違反があると認められるとして，Xに対する損害賠償を命じた。

2．マネーロンダリング（資金洗浄）規制とは

　麻薬取引，脱税，粉飾決算などの犯罪によって得られた収益について，その出所をわからなくするために，架空または他人名義の金融機関口座などを利用して，転々と送金を繰り返したり，株や債券を購入したりすることをマネーロンダリング（資金洗浄）という。こうしたマネーロンダリングへの対策を強化するため，わが国では2007年から，本人確認法（金融機関等による顧客等の本人確認等及び預金口座等の不正な利用の防止に関する法律）が一部改正された。この本人確認法は，2008年3月より「犯罪による収益の移転防止に関する法律」に置きかえられている。

　マネーロンダリングについては，国際的な対応が図られている。テロ資金対策とともにその国際的推進等を目的とした政府間機関である「金融活動作業部会（FATF）[2]」は，国際的基準（FATF勧告）の策定およびその実施状況の審査（相互審査），また，当該取組みが不十分な国・地域に対して，是正の要請や懸念を表明する声明の発出，さらに深刻な問題・高リスクが認められる国・地域の特定等の活動が行われている。また，大量破壊兵器の拡散につながる資金供与の防止など，新たな視点からの対策についても議論が進められており，

---

[2]　1989年のアルシュ・サミット経済宣言に基づき設置された，国際的なマネーロンダリング対策の推進を目的とする国際的な枠組み。OECD加盟国を中心に34カ国・地域および2つの国際機関が参加。テロ資金供与対策も含め，各国がとるべき措置を「FATF勧告（Recommendations）」として提言した。

わが国もこれらの取組みに積極的に参加している。また，アジア太平洋地域に特化したマネーロンダリング対策の推進を図るために，1997年には「アジア太平洋マネーロンダリング対策グループ」（APG：Asia Pacific Group on Money Laundering）が正式に発足した。なお，2001年9月の米国同時多発テロやFATFのテロ資金対策へのマンデート拡大を受けて，APGとしてもテロ資金対策に取り組んでいる。

3．犯収法における特定事業者とは

犯収法において「取引時確認」の実施等の措置が義務づけられる主体が特定事業者であり，金融機関等のほか，ファイナンスリース事業者，クレジットカード事業者，宅地建物取引業者，宝石・貴金属等取扱事業者，そして弁護士・弁護士法人，司法書士・司法書士法人，公認会計士・監査法人や税理士・税理士法人も特定事業者に該当する。

特定事業者には，その事業の種類に応じて，①本人特定事項等の確認義務，②確認記録や取引記録等の作成・保存義務，③疑わしい取引の届出等義務，④外国所在為替取引業者との契約締結の際の確認義務，⑤外国為替取引に係る通知義務が課されている。行政庁は，特定事業者がその業務に関して義務に違反していると認めるときは，当該特定事業者に対し，是正するため必要な措置をとるべきことを命ずることができることとされていて（犯収法第18条），この是正命令に違反した者には，2年以下の懲役もしくは300万円以下の罰金，またはその両方が科されることになる（犯収法第25条）。

4．OFAC規則とは

アメリカには，アメリカ財務省外国資産管理室(OFAC：Office of Foreign Assets Control)が定める外国資産管理法(Foreign Assets Control Regulations)がある。このOFAC規則の規制対象は，「(国家の安全保障を脅かすとして）アメリカ大統領が指定した対象（国，法人，個人など）」であり，具体的にはSDN（Specially Designated Nationals and blocked Persons）リストと呼ばれる一覧表に記載された対象が規制の中心となる。その他，OFACにはその他の制裁リスト（Other Sanctions Lists）があり，部門別制裁者リスト（Sectoral

Sanctions Identifications List），海外制裁逃避者リスト（Foreign Sanctions Evaders List）などがあり，基本的にはアメリカ法人，アメリカ国籍保有者，アメリカ居住者が同規則の適用対象であるが，日本法人であってもアメリカ国内に拠点を持つ法人や，国内から海外送金にアメリカ・ドル建ての送金をする場合などにも同規則の適用に注意を要する。

　2015年には，ドイツ銀行大手コメルツ銀行は，イランなどアメリカの制裁対象国との違法取引の疑いやオリンパスの不正会計に絡む問題で，アメリカ当局に14億5,000万ドルを支払うことで合意した。アメリカ当局によると，コメルツ銀行は少なくとも2002年から2008年にかけて，制裁対象の機関に代わり，アメリカにおける金融システム上で資金を移動させていた。その際，識別情報を削除することで，問題の発覚を回避していたという。またオリンパスの不正会計問題をめぐり，コメルツ銀行は不正取引が疑われる場合に，これを特定，報告を義務づけるOFAC規則を遵守しなかったとしている[3]。その他，2014年にはBNPパリバ銀行[4]に対し，また2012年にはスタンダードチャータード銀行[5]に対し，OFAC規則違反を理由とする制裁が科されている。

REMARKS

　安全保障貿易管理は，テロ集団やテロ支援国家などに大量破壊兵器に使用される部品や技術が提供されないための国際的な取組みであるが，マネーロンダリング規制は，資金面からテロ集団や犯罪組織に金融システムが活用されない仕組みを確保するための枠組みである。金融機関など特定事業者は，犯収法の目的を理解し，実効的なコンプライアンス・プログラムを整備すべきである。

　また特定事業者以外の企業であっても，マネーロンダリングをはじめとする反社会的勢力への対応を強化する必要がある。反社会的勢力とは，反社会的な意志を持って行動を行い，勢力を構成する人物・団体を総称する用語である。これらの人物や団体は，不当な要求や不正な取引をして経済的利益を追求する際に，暴力的行為，威力，または詐欺といった公序良俗に反する手法を駆使している。例

3　2015年3月12日付US DOJ Justice News.
4　2014年6月30日付US DOJ Justice News.
5　2012年12月10日付US DOJ Justice News.

えば，蛇の目ミシン工業の株主が提訴した株主代表訴訟においては，東京高等裁判所は，蛇の目ミシン工業が同社株式を買い占めた反社会的勢力の元代表の恐喝に応じ，また債務肩代わり等により巨額の損害を被ったとし，株主が平成５年に提起した代表訴訟における平成18年４月10日の最高裁判所（判例時報1936号27頁）判決に基づく差戻し控訴審において，裁判所は株主の主張を認め，同社の当時の取締役５人の責任を認定し，会社に対し連帯して583億円余りの支払を命ずる判決を言い渡した。

　企業には，CSR（企業の社会的責任）の観点から，反社会的勢力の資金源とならないために，それらの組織・団体とは取引を行わず，関係を持たないことが求められる。しかし，反社会的勢力による証券・不動産取引などの経済活動を通じた資金獲得活動が巧妙化したことで，コンプライアンス意識が高い企業であっても，取引先企業が暴力団関係企業とは知らずに取引を行ってしまい，結果的に間接的に反社会的勢力と取引をしてしまう恐れがある。そうした反社会的勢力との関わりが公表された場合には企業にとって大きなレピュテーション・リスクが顕在化する。企業には，その契約や約款の中に，反社会的勢力とは契約を締結しない旨を宣言し，また契約後に相手方が反社会的勢力であることが判明した場合には契約を無催告で解除することができるとした反社会的勢力排除条項を規定するだけではなく，全社的見地からマネーロンダリングを含む，反社会的勢力との関わりを遮断する仕組み作りが求められている。

【参考文献】

白井真人＝芳賀恒人＝渡邉雅之『マネー・ローンダリング　反社会的勢力対策ガイドブック―2018年金融庁ガイドラインへの実務対応―』（第一法規，2018年）

今野雅司『マネロン・テロ資金供与リスクと金融機関の実務対応　第２版』（中央経済社，2019年）

CHAPTER 23　多国籍企業の租税回避措置

［スターバックスに対する追加徴税命令事件］

FOCUS

　GAFAに代表される国際的な企業が，その膨大な利益などを低税率の国に移転し課税額をなるべく低く抑える動きに対し，欧米主要国は「課税逃れ」として監視を強めている。カリブ諸島やケイマン諸島などにある「タックスヘイブン（租税回避地）」だけでなく，オランダやアイルランドなど一部の欧州連合（EU）加盟国は特定の企業に優遇措置を与え，投資を促してきた。各国での法人税率引き下げが進み多国籍企業が国を選ぶようになったことで，低い法人税率を活用した課税逃れが横行しているといわれている。

　欧州委員会は多国籍企業の税制をめぐってスターバックスやフィアットのほかに，アイルランドによる米アップル，ルクセンブルクによる米アマゾンへの税優遇でも調査を進めていた。2015年の判断を機に欧州委員会は多国籍企業の「租税回避」へ対抗姿勢を強める方針を示しているため，欧州に進出するグローバル企業は税務戦略の立て直しを迫られる可能性が大きい。さらに多国籍企業への課税をめぐって，20カ国・地域（G20）がタックスヘイブン（租税回避地）などを経由する「租税回避」の防止で協調する新ルールを採択するなど世界レベルで課税強化が進んでいる。

KEYWORDS

タックスヘイブン，租税回避，BEPS行動計画，恒久的施設（PE）

CASE[1]

　スターバックスは会計上は多大な利益が発生しているにもかかわらず，イギリスではほとんど法人税を納めていない。欧州連合（EU）の執行機関である欧州委員会は2015年10月21日，アメリカのスターバックスがオランダで受けた優遇税制（国家補助）は「違法」との判断を公表した。税優遇を提供したオランダに，過去の優遇分（最大3,000万ユーロ）を追加徴税で取り戻すよう指示した。

　欧州委員会の公表によると，スターバックスはオランダの製造子会社が税負担を低く抑える違法な優遇措置を受けていた。具体的には，イギリスのグループ企業へ多額の技術料を支払うなどして，オランダでの法人税の納税額を少なく済ませる課税手法を認めていたという（図表23‐1参照）。ただ欧州委員会の公表を受け，スターバックスは「今回の決定には重大な誤りがある」との声明を公表し，その後欧州一般裁判所に訴えを提起した。また，オランダ当局も「スターバックスに適用した手法は国際的にも認められている」と反論していた。

図表23‐1　スターバックス社の節税スキーム

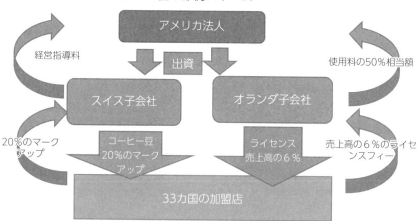

＊2011年当時のスキームを想定して作成した。実際の資本関係・スキームとは異なっている可能性がある。
出典：（平成24年度アジア拠点化立地推進調査等事業調査報告書を元に筆者が作成）

1　General Court of the European Union, PRESS RELEASE No 119/19（Luxembourg, 24 September 2019）available at: https://curia.europa.eu/jcms/upload/docs/application/pdf/2019-09/cp190119en.pdf.

　スターバックスは，売上，事業所得とも過去３年増加傾向にあり，税引前利益も2009年から2011年にわたって20億ドル，18億ドル，14億ドルと多大な利益が発生している。他方，イギリス，フランス，ドイツでは税務上欠損金が発生し，税金の支払がほとんど発生していない。イギリスでは過去15年間のうち14年間利益が発生しておらず，フランスとドイツでも過去10年間税金が発生していないという。イギリスでは過去14年間で160万ポンドしか税金が支払われない一方，イギリス国内での競争相手であるCosta（イギリスの大手コーヒーチェーン店）は2011年の課税年度のみで1,550万ポンドもの税金を支払っている（平成24年度アジア拠点化立地推進調査等事業調査報告書から抜粋）。

1．本CASEの解説

　2019年９月に欧州一般裁判所[2]は，スターバックスの訴えを認める判断を下した[3]。一般裁判所は「欧州委員会はスターバックスの優位性の存在を示すことができなかった」と説明し，同社が移転価格を低く抑えて違法に課税を免れたとする欧州委員会の主張を退けた。

2．租税回避地（タックスヘイブン）とは

　所得や財産などに対する税が，先進諸国などと比べ，著しく少ないか皆無である地域や国家を租税回避地と称する。キュラソー，ケイマン，スイス，パナマ，バハマ，ルクセンブルクなどがこれに当たる。主に多国籍企業やヘッジ・ファンドなどが利用しているが，犯罪組織のマネーロンダリングやテロ資金の運用などに悪用されているケースもみられる。一般的には，資源や産業に恵まれない小国や発展途上国が，他国を実質的な拠点とする企業や個人の物流，資産などを税制上優遇することで自国に呼び込むことを目的としている。

　ある国に本拠を持つ企業がタックスヘイブンにペーパーカンパニーを設立し，

2　EU（ヨーロッパ連合）の裁判所は，EU裁判所Court of Justiceと一般裁判所General Courtからなる。いずれもルクセンブルクにある。EU諸国は，EU法に関する紛争をEU以外の裁判機関では解決しない確約をしている。

3　Judgment in Cases T-760/15 Netherlands v Commission and T-636/16 Starbucks and Starbucks Manufacturing Emea v Commission.

本国企業からその会社に無形資産を移転するなどして，利益の一部を各種の支払にみせかければ，帳簿上では本国企業の収益が圧縮できるので，当該企業は税の支払額を抑えることが可能となる。多国籍企業が，このような租税回避地を活用することは国際的にも認知された手法であり，必ずしも違法な脱税行為であるとまでは言い切れない。

　経済協力開発機構（OECD）は，タックスヘイブンのような税制慣行を容認すると，税負担の公正を損じたり，税率が資金配置の決定の支配的要因となったりといった弊害が生じるとする。この結果，公正な課税ベースが侵害され，税の値引き合戦のような有害な「税の競争」に陥り，各国が必要な税収を失う危険性があると警告している。OECDなどにより是正が進められているものの，租税回避のためのペーパーカンパニー設立に便宜を図るなど，誘致に積極的なタックスヘイブンも後を絶たない。これらは，税負担の不公平を引き起こすばかりか，企業不正の舞台となり，資金の流れを不明朗にさせて資産隠しやマネーロンダリングなど犯罪の温床となっている。

　なお，わが国のタックスヘイブン対策税制は，タックスヘイブンを利用して租税回避を図る行為を排除する制度であり，本税制の下では，経済実体がない，いわゆる受動的所得は合算対象とする一方で，実体のある事業からの所得であれば，子会社の税負担率にかかわらず合算対象外としている。これは，「外国子会社の経済実態に即して課税すべき」との経済協力開発機構（OECD）の「税源浸食と利益移転行動計画」（Base Erosion and Profit Shifting：BEPS）の基本的な考え方を踏襲したものである。

３．BEPSの基本的な考え方

　OECDでは，近年のグローバルなビジネスモデルの構造変化により生じた多国籍企業の活動実態と各国の税制や国際課税ルールとの間のずれを利用することで，多国籍企業がその課税所得を人為的に操作し，課税逃れを行っている問題（BEPS）に対処するため，2012年からBEPSプロジェクトを立ち上げた。このBEPSプロジェクトでは，G20（財務大臣・中央銀行総裁会議）の要請により策定された15項目の「BEPS行動計画」に沿って，国際的に協調してBEPSに有効に対処していくための対応策について議論が行われ，2015年９月

に「最終報告書」がとりまとめられている。

2013年7月公表の「BEPS行動計画」によれば、①法人税の国際的な一貫性（Coherence）、②税制と経済活動の実体（Substance）の整合性、および、③透明性（Transparency）の3つの柱を基礎として、以下の15の行動を提示している。

行動1：電子経済の課税上の課題への対処：電子商取引により他国から遠隔で販売、サービス提供等の経済活動ができることに鑑み、電子商取引に対する直接税・間接税の在り方を検討することを目的とした取組み。

行動2：ハイブリッド・ミスマッチ取極めの効果の無効化：金融商品や事業体に対する複数国間での税務上の取扱いの差異（ハイブリッド・ミスマッチ）を利用した税負担の軽減に対処するため、ハイブリッド・ミスマッチ・アレンジメントの効果を無効化、または否認する国内法による措置に関する勧告を行うとともに、モデル租税条約の規定を策定することを目的とした取組み。

行動3：外国子会社合算税制の強化：効果的なCFC税制（タックスヘイブン対策税制）の構築

行動4：利子控除制限ルール：BEPSに対して効果的なCFC税制（外国子会社合算税）を構築するため、各国における国内法の設計に関する勧告を行うことを目的とした取組み。

行動5：有害税制への対抗：支払利子の損金算入や他の金融取引の支払を利用した税源浸食を防止するため、各国が最低限導入すべき国内法の基準についての勧告、および、親子会社間等の金融取引に関する移転価格ガイドラインの改訂を行うことを目的とした取組み。

行動6：租税条約の濫用防止：条約締約国でない第三国の個人・法人等が租税条約を濫用することで、不当に租税条約の特典を享受することを防止するための、①OECDモデル租税条約の改訂、および、②国内法に関する勧告、を行うことを目的とした取組み。

行動7：恒久的施設（PE）認定の人為的回避の防止：人為的に恒久的施設（Permanent Establishment：PE）の認定を逃れることを防止するために、租税条約上のPEの定義を変更することを目的とした取組み。

行動8-10：移転価格税制と価値創造の一致：親子会社間等で，特許等の無形資産を移転することで生じるBEPSを防止するルールを策定する（移転価格ガイドラインの改訂）とともに，価格付けが困難な無形資産の移転に関する特別なルールを策定することを目的とした取組み。さらに，行動8，行動9（リスクと資本）および行動10（高リスクの取引）に関する議論として，2014年に「リスク，再構築および特別の措置に関するOECD移転価格ガイドラインに係るディスカッションドラフト」が公表され，パブリックコメントおよびパブリックコンサルテーションが行われた。

行動11：BEPSの分析：BEPSの規模や経済的効果の指標を政府からOECDに集約し，分析する方法を策定することを目的とした取組み。

行動12：タックスプランニングの報告義務：タックスプランニングの税務当局への開示制度について国内法による義務規定に関する勧告を行うことを目的とした取組み。

行動13：移転価格関連の文書化の再検討：移転価格税制の文書化に関する規定を策定するとともに，多国籍企業に対し，国毎の所得，経済活動，納税額の配分に関する情報を，共通様式に従って各国政府に報告させることを目的とした取組み。

行動14：相互協議の効果的実施：国際税務の紛争を国家間の相互協議や仲裁により効果的に解決する方法を策定することを目的とした取組み。

行動15：多国間協定の開発：BEPS対策措置を効率的に実現するための多国間協定の開発に関する国際法の課題を分析し，その結果を踏まえ多国間協定案を開発することを目的とした取組み。

REMARKS

　「パナマ文書」の公開によって，多国籍企業や多くの政治家そして富裕層が，「タックスヘイブン（租税回避地）」を利用し，税金逃れを行っていた事実が明るみに出た。タックスヘイブンを活用すること自体は違法とはいえないが，適正な法人税の納付は企業の社会的責任（CSR）の１つであることを忘れてはならない。タックス・ジャスティス・ネットワークの報告書によると，世界各国は富裕層や企業の租税回避で年間4,270億ドルの税収を失っていて，そのうち2,450億ドルは，企業が利益を，タックス・ヘイブン（租税回避地）に移したことに起因しているという。また，タックスヘイブンとはいえないが，スターバックスのようにオランダなどの税優遇措置を活用したコーポレート体制を活用することで巨額の税負担を回避している方策に社会的な非難が高まっている。

　タックスプランニングとは，将来の法人税等の発生につき計画を行うことであり，租税負担の適正化を行うことをその本質とする。これは，企業価値を高めて経営状況を良好に保つために欠かせない取組みである。タックスプランニングを通じて，企業にとって最適な子会社の配置を行い，またロイヤルティやマークアップを通じて，利益の配分を行うことは各国税法を遵守している限り法令違反とまではいえないであろうが，全体としてみたときにその企業活動を行う諸国において，社会的に公平感のある納税義務を果たしているかどうかが企業倫理の問題として残されるであろう。

【参考文献】

21世紀政策研究所＝経団連経済基盤本部編著『BEPS Q&A―新しい国際課税の潮流と企業に求められる対応［21研解説シリーズ］』（経団連出版，2016年）

本庄資編著『国際課税ルールの新しい理論と実務―ポストBEPSの重要課題』（中央経済社，2017年）

中里実＝太田洋＝伊藤剛志『BEPSとグローバル経済活動（西村高等法務研究所理論と実務の架橋シリーズ）』（有斐閣，2017年）

CHAPTER 24　EU一般データ保護規則

［顧客情報漏洩事件］

FOCUS

　EUにおいては，EU域内の個人データ保護を規定する法として，1995年から適用されていた「EUデータ保護指令（Data Protection Directive 95）」に代わり，2016年4月に制定された「GDPR（General Data Protection Regulation：一般データ保護規則）」が2018年に施行された。GDPRは個人データやプライバシーの保護に関して，EUデータ保護指令より厳格に規定している。GDPRはEU加盟国に同一に直接効力を持つことに加えて，EU域内の事業者だけでなくEU域外の事業者にも適用される。

KEYWORDS

GDPR，72時間ルール，データ侵害，個人情報保護法

CASE[1]

　2019年1月，フランスのデータ保護機関「情報処理と自由に関する国家委員会」（CNIL：Commission nationalede l'informatique et des libertes）が，GDPRに違反したとして，アメリカのインターネット関連業界大手のグーグルに5,000万ユーロの制裁金の支払を命じた。本事例は，アメリカ大手IT企業に対してGDPRに基づいて行われた初の制裁事例であり，制裁金の額はこれまでに明らかになった制裁金決定の事例と比べ，最大規模のものとみられる。

1　General Court of the European Union, PRESS RELEASE No 119/19（Luxembourg, 24 September 2019）available at: https://curia.europa.eu/jcms/upload/docs/application/pdf/2019-09/cp190119en.pdf.

1．GDPR違反に対する監督当局とその手続き

　GDPRは，各国のデータ保護監督当局が，その執行を担っている。各監督当局が本規則に違反する行為があると判断した場合，監督当局は違反者に対して制裁金を科す権限が与えられている。監督当局は，制裁金に加え，またはこれに代えて，是正措置を決定する権限も与えられている。

　また加盟国の監督当局は，データ管理者またはデータ処理者に対する調査を行う権限も与えられている。その調査の結果として是正措置が必要であると判断した場合，以下のような措置を命じることができる。

① 　データ主体の権利行使の要請に適切に対応するようにデータ管理者またはデータ処理者に命令すること

② 　GDPRの規定を遵守すべくデータ管理者またはデータ処理者に対して是正を命じること

③ 　データ処理の禁止を含めた制限を課すこと

④ 　第三国等へのデータの移転の中止を命じること

2．グーグルに対するCNILの決定

　「グーグルによる広告目的の個人データ処理についてGDPR違反の疑いがある」と主張する2つのプライバシー保護団体（GDPR第80条に基づく団体）が2018年にCNILに苦情申立を行ったことを受け，同委員会はグーグルに対する調査を開始した。

　CNILによる調査報告書の通知後，CNILは，グーグルに対し追加調査およびCNILの委員会審議に関する防御の準備をする目的で，当初設定されていた回答期限を15日間延長することを承認した。グーグルは，書面による回答に加え，非公開の委員会審議の日に口頭で意見発表を行っている。

　その後，CNILは，グーグルによる反論を審理した上で，2019年1月に，グーグルに5,000万ユーロの制裁金を科す決定をし，フランス政府の公式ウェブサイト（Légifrance）上に決定を掲載した。また，CNILは，GDPRに基づく監督当局間の協力義務に従って，欧州における他の監督当局に対して本件の苦情申立の内容を提出した。

3．GDPR違反行為と認定された行為

　本決定において，CNILは，グーグルに関して２種類の違法行為を指摘している。第一に，CNILは，グーグルが透明性のある情報提供を行う義務に違反したと認定した。GDPRにおいて，データ管理者は，明瞭かつ平易な文言が使われ，簡潔で，透明性があり，理解しやすくかつ容易にアクセスし得る形態をもって，処理行為に関する情報を提供する義務がある（GDPR第12条）。しかし，本決定では，特にデータ処理の目的およびデータの保存期間に関し，グーグルからユーザーに提供された情報は複数の文書に分散されており，ユーザーが情報を得ることが困難であると指摘された。また，ユーザーに提供される全体的な情報は明確ではなく，その一方で処理の目的が過度に一般的で曖昧であることから，ユーザーがグーグルによるデータ処理活動を理解するのは困難と判断した。

　第二に，CNILは，グーグルがターゲティング広告目的の処理を行うための法的根拠を備えていないと認定した。すなわち，グーグルは個人データの処理の合法性についてデータ主体による同意に依拠しているが，CNILはこの同意がデータの主体から無効に取得されたものであるという判断を示した。GDPRの下で，この同意が有効であるためには，同意がGDPRに規定される有効要件を満たしている必要がある（GDPR第４条第11号，第７条）。このように，ユーザーの同意が有効であるためにはデータ主体に適切な情報提供がなされている必要があるが，本CASEにおいては上記の通りターゲティング広告目的での活動に関する情報が複数の文書に分散されていたため，ユーザーはグーグルによって行われた処理活動の範囲を正確に認識することができなかった。

　さらに，本CASEにおけるターゲティング広告の表示では，ユーザーが同意を行うために使用するチェックボックスについて予め同意を得ることを前提とする手法がとられていた。GDPRにおいてはデータ主体が明確な積極的行動を示すことは同意の有効要件の１つであるが，このように予めチェックがなされているチェックボックスを使用した同意の取得は有効ではないとCNILは判断した。

　また，本CASEでは，グーグルのアカウント作成のための前提条件として，ユーザーは「グーグルの利用規約に同意する」および「上記およびプライバ

シーポリシーに記載される個人データの処理に同意する」という項目に対する
チェックボックスにチェックすることが要求されていた。CNILは，このよう
な同意は目的ごとに同意が取得されておらず，GDPRが要求する特定性のある
同意がなされていないとの判断を示した。

4．その他の違反事例

　イギリスの情報保護当局の情報コミッショナー事務局（ICO）は2019年に，
英航空大手British Airways（BA）に１億8,339万ポンド（約250億円）の制裁
金を科すことを検討していると発表した。これは，2018年の大規模な顧客情報
流出がGDPRを侵害していると判断した結果である。

　GDPRには，規則を侵害した企業に対し，世界での売上高の1.5％の制裁金を
科す旨の規定がある。上記制裁金の額は，BAの2017年12月31日に終了した会
計年度における全世界での売上高から算出されている。今回，ICOが問題にし
ているのは，2018年８月21日から９月５日までの16日間に同社のWebサイト
「ba.com」やアプリを使って予約したユーザーの個人情報と決済情報が何者か
に盗まれた事件である。BAは発表段階でこの事案は既に解決しているとしてい
た。ICOは，この事件で約50万人の個人データが流出したとしているが，
BAは，その後の調査の結果，情報流出の影響を受けた顧客は24万4,000人だっ
たとしている。

　ICOは「組織が個人データを紛失，損傷，あるいは盗難からの保護に失敗し
た場合，それはユーザーにとって不便以上に害のあるものだ。企業が基本的な
プライバシーの権利を保護するための適切な措置をとっているかどうかを確認
するのがわれわれの調査の目的だ」と表明している。

5．情報流出等のインシデント発生の際の72時間ルール

　図表24－１において，A社は個人データの管理を委託する委託元であり，B
社は個人データを管理する委託先である。このビジネススキームは，決済代行
や予約代行などのクラウドサービスを提供し，そのサービスを利用するケース
で多く見受けられる。例えば顧客情報の漏洩などGDPRデータ侵害が発生した
場合は，委託元（A社）はGDPRに定められている監督機関への72時間以内の

報告義務を負い，委託先（B社）も，主体的に個人データを取り扱っている場合や業界標準としてプラットフォームを運営している場合には，72時間以内の報告義務を負う。委託元は委託契約の内容を見直し，委託先にGDPR要求事項を遵守させるための覚書（個人データの取扱いの委託に関する覚書）を締結する必要がある。なお，データ侵害とは，①「機密性の侵害」：不正または偶発的な個人データの開示または個人データへのアクセスが発生した場合，②「完全性の侵害」：不正または偶発的な個人データの変更が発生した場合，または，③「可用性の侵害」：偶発的または不正な，個人データへのアクセスの喪失または個人データの破壊が発生した場合である。

図表24－1　72時間ルールに基づく報告

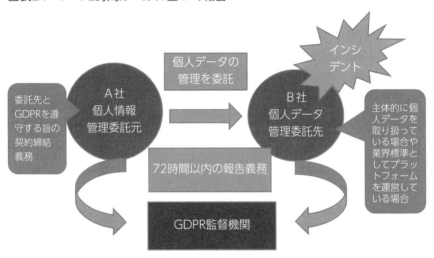

出典：筆者作成。

REMARKS

　欧州委員会は，2019年1月，日本に対する十分性認定を行った。これによって，日本企業は，GDPRに規定された適切な保護措置を行うことなく，EUから日本に個人データを移転することが可能になった。なお，GDPRにおけるデータ保護のルールと日本の個人情報保護法の間には一定の齟齬があることを受けて，日本の個人情報保護委員会は，日本のデータ保護の十分性を確保する観点から，2018年9月に「個人情報の保護に関する法律に係るEU域内から十分性認定により移転を受けた個人データの取扱いに関する補完的ルール」（以下「補完的ルール」という）を公表している。補完的ルールは，日本の個人情報保護法とGDPRの齟齬を補完するために，要配慮個人情報，保有個人データ，利用目的の特定・利用目的による制限，外国にある第三者への提供の制限，匿名加工情報に関して，日本の個人情報保護法とは異なるルールを規定している。そのため，十分性認定に基づいてEUから日本に移転された個人データについては，日本の個人情報取扱事業者は補完的ルールに従って取扱いを行うことが義務づけられる点に注意が必要である。

【参考文献】

中崎尚『Q&Aで学ぶGDPRのリスクと対応策』（商事法務，2018年）

ロタ・ディターマン著，渡邊由美＝井上乾介＝久保田寛也翻訳『データ保護法ガイドブック：グローバル・コンプライアンス・プログラム指針』（勁草書房，2019年）

宮下紘『EU一般データ保護規則』（勁草書房，2018年）

PART Ⅲ　国際ビジネス法の課題

Introduction

　2015年9月の国連サミットで加盟国の全会一致で採択された「持続可能な開発のための2030アジェンダ」に記載された持続可能な開発目標（Sustainable Development Goals：SDGs）は，2030年までに持続可能でよりよい世界を目指す国際目標であり，地球上の「誰一人取り残さない（leave no one behind）」ことを誓っていることに象徴されるユニバーサル（普遍的）な目標である。この目標の下で環境（Environment），社会（Society），ガバナンス（Governance）の3つの観点（ESG）から企業経営の再構築が推進されており，それは国際ビジネス法の新たな課題を提示している。

　例えば，現代の国際ビジネスにおける人権問題への取組みは，ある企業のサプライチェーン全体について，人権侵害の有無を精査し，問題の有無を開示するとともに，問題が見出された場合には具体的な対応が求められる。従来であれば，何らかの違法な関与や働きかけがなければ，サプライチェーンの一部における人権侵害について，企業グループを超えて企業責任が問われることは極めて稀であったが，SDGsを目標とする現代社会においては，ドッドフランク法の下での紛争鉱物規制や，イギリスの現代奴隷法に代表されるように，企業はそのサプライチェーン全般を通じて，デューディリジェンスを実施し，人権問題の有無を公表するとともに，人権問題に当該企業がどのように対応しているのか，具体的なアクションをとり，それを公表することを投資家をはじめとする社会から要請されている。もはや，こうした社会問題への対応は，企業倫理の領域に止まらず，非財務情報の開示義務という法的責任を伴う課題に発展している。

　本PARTでは，ESGを骨子とした国際ビジネス法の課題について検討する。

CHAPTER 25　紛争鉱物輸入規制

［アップル製品不買運動事件］

FOCUS

　アメリカ連邦法であるドッドフランク法第1502条は，コンゴ民主共和国（DRC）およびその周辺国から産出されるスズ，金，タンタル，タングステンの４種金属を使用している場合は，「その原産国を合理的な調査手段により開示しなくてはならない」と定めている。企業にとっては，自社が直接紛争国から購入しない場合でも，サプライチェーンの源流を調査する必要があり負担が大きいプロセスといえる。上記の紛争鉱物を製品に使用すること自体は違法とはいえず法的な制裁も予定されていないが，SECに対する虚偽報告があった場合には，SECからの制裁処置および一般の訴訟の対象となる。また，事実を隠蔽しつつ，紛争鉱物が使用された製品を販売した場合は，消費者による不買運動などを引き起こし市場からの撤退を迫られるリスクも予想される。

　また，2021年１月１日に，紛争鉱物規則[1]がEU全域で施行される。本規則により，武力紛争の資金を調達したり，強制労働を利用して採掘されたスズ，タンタル，タングステン，金の４つの鉱物の取引が規制される[2]。なお，本規則に基づくサプライチェーンのデューディリジェンスに関しては，2011年に経済協力開発機構（OECD）が，国連専門家グループやアフリカ大湖地域国際会議との連携によって作成したOECDガイダンス（OECD Due Diligence Guidance for Responsible Supply Chains of Minerals from Conflict-Affected and High-Risk Areas）[3]が参考になる。

1　Conflict minerals : list of Member State competent authorities designated under Article 10（1）of Regulation（EU）2017/821.
2　The EU's new Conflict Minerals Regulation A quick guide if you're involved in the trade in tin, tungsten, tantalum or gold March 2017.
　https://trade.ec.europa.eu/doclib/docs/2017/march/tradoc_155423.pdf.
3　https://trade.ec.europa.eu/doclib/docs/2018/august/tradoc_157243.pdf.

KEYWORDS
ドッドフランク法，紛争鉱物，サプライチェーン・マネジメント，倫理的調達，地域紛争，国際的人権の保護，強制労働，未就学児童労働

CASE

　非営利団体のイナフ・プロジェクト（Enough Project）は，2010年，アップルなど大手電子機器メーカーがコンゴ民主共和国の紛争鉱物を製品に使用しているというキャンペーンを主導した結果，これに同調した多くの市民がアップルストアの前で抗議活動を行い，やがてこの運動はアップル製品の不買運動に発展した。

　2010年に成立した金融規制改革法（ドッドフランク法）第1502条における紛争鉱物規制は「米国での上場企業（SEC登録企業」に対して，コンゴ民主共和国および周辺国の「紛争鉱物」を製品に使用する上場企業に対してアメリカ証券取引委員会（SEC）への報告義務を求めている。一方で，National Association of Manufacturers, US Chamber of Commerceなどの業界ロビー団体は，2012年にこのSEC規制の停止を求めて訴訟を起こした[4]。本件訴訟に関して，連邦控訴裁判所は憲法違反を理由として，同規則の一部を無効とする判断を2014年4月に下した[5]。論点は，"not been found to be 'DRC conflict free'" という道徳的・倫理的評価にかかる表示を強制することは憲法で保障された企業の表現の自由を侵害するか否かにあった。控訴裁判所は，製品の非倫理性について消費者に告げることは違憲であり，立法目的を達成するために，より制限的でない規制手段（less restrictive means）をSECは検討するべきであったと判断した。そこで，SECは規制を一部修正し，紛争鉱物について精査する義務は維持しつつ，DRC紛争との関連の有無を "conflict free" などとわかりやすく表示することを任意とした。国際人権団体は，紛争鉱物開示の後退であり，DRC紛争に関する理解の促進を阻害する恐れがあると，こうした動きを批判している[6]。

4　https://www.dir.co.jp/report/research/capital-mkt/esg/20140521_008544.pdf.

5　2014 WL 1408274（D.C. Cir. Apr. 14, 2014）.
　　http://www.cadc.uscourts.gov/internet/opinions.nsf/D3B5DAF947A03F2785257CBA00
　　53AEF8/$file/13-5252-1488184.pdf.

　2012年に，米国の有力シンクタンク「センター・フォー・アメリカン・プログレス（CAP）」が公表した「Taking Conflict Out of Consumer Gadgets[7]」(イナフ・プロジェクトに基づく製品のユーザーによるメーカーにおける紛争鉱物規制への取組みの評価）によると，インテルやアップルなどは，コンフリクトフリーへの取組みの進歩度は高いと評価される一方，任天堂などの日系電子機器メーカーについては，そのサプライチェーンにおけるトレーサビリティの取組みが遅れているとして非難されている。

1．コンゴ共和国における内戦と紛争鉱物

　コンゴ民主共和国（旧国名：ザイール）は，中部アフリカに位置する共和制国家である（首都はキンシャサ）。アルジェリアに続いてアフリカ大陸で第2位の面積を擁し，世界全体でも第11位の面積を擁する。コンゴ民主共和国，コンゴ共和国とアンゴラ北部は15世紀頃まではコンゴ王国の一体的な領域だったが，16世紀にポルトガルに征服され，その後19世紀にベルギー領（現在のコンゴ民主共和国），フランス領（現在のコンゴ共和国）そしてポルトガル領に分けられた。同国には，金やダイヤモンド，さらに携帯電話に使用されるタンタル鉱石[8]など，豊富な地下資源が存在する。

　コンゴ民主共和国の内戦は，一連の地域紛争の1つであるが，世界的注目を浴びたのは，1994年のジェノサイド（大量虐殺）である。ルワンダのハビャリマナ大統領が搭乗機を撃墜され，死亡したことで，フツ[9]とツチの衝突による主にツチ人[10]勢力に対する虐殺行為[11]が発生した。殺害された人々はおよそ

6　Enough Project: Trimming Minerals Disclosure Rule is a Step Backward for Atrocity Prevention（http://enoughproject.org/news/enough-project-trimming-minerals-disclosure-rule-step-backward-atrocity-prevention）.

7　https://enoughproject.org/files/CorporateRankings2012.pdf.

8　コルタンとも呼ばれ，携帯電話，ノートパソコン，ゲーム機などの電化製品におけるコンデンサーなどに用いられるので，近年需要が増加している。

9　ルワンダ人の84％がフツといわれる。フツとツチは同じ宗教，同じ言語を共有している。

10　フツの大統領を乗せた飛行機が撃墜されたことに端を発して，フツによるツチの大量虐殺（ジェノサイド）が始まった（ルワンダ虐殺）。この背景には第一次世界大戦以降に植民地支配をしたベルギーが少数派であるツチを君主および首長等の支配層とする間接支配体制を築いた事実があるといわれる。その際に，多数派のフツとごく少数のトゥワは差別的な扱いを受けていた。

80万人ともいわれる。この事件を契機に200万人ともいわれる難民が大量にコンゴ民主共和国に流出した。コンゴ民主共和国内でも各民族が分断され，政治的な勢力もまたそれに応じる形で地域的に分断されている。この地域的分断がコンゴ内戦につながる要因であり，各地域勢力は豊富な地下資源の利権の争いも絡んで勢力間の抗争が絶えない。

　豊かな資源が引き起こした面もある紛争が継続し，国内では人権侵害，特に女性に対する性暴力は深刻で，現在でも，毎日1,100件を超える性暴力が起きているといわれる。また，武装グループは，武力を使って近隣の村人や子どもに強制労働を課して採掘させた鉱物資源は，密輸を経て武器や弾薬の購入に充てられている。そうした状況が，さらに紛争を助長している。

　前述の通り，同国のタンタル（コルタン）鉱石は携帯電話をはじめとする電子機器に不可欠の原料である。携帯電話を例に取れば，わが国の製造業者は厳しい価格競争にさらされているので，少しでも安い原料を入手したいと考えている。そのような企業にとって，紛争鉱物[12]は，願ってもない安価な原料である。安い原料を使用して，価格競争に勝利し，利益を生み出すことは，会社の重要なステークホルダー[13]である株主の利益に貢献できるという考え方もある。

2．イナフ・プロジェクトについて

　イナフ・プロジェクトは，アフリカのもっとも致命的な紛争地帯における平和と，大規模な残虐行為を終結させ，それに向けた市民運動を支援する，2007年に発足した非営利団体である。「残虐行為と汚職の主要な加害者と促進者に結果をもたらすのを助けることによって，十分な平和と良い統治を支援する力を構築し，紛争地域の研究を通じて問題解決のための政策について政府と民間部門を関与させ，平和，人権，そして戦争と不法な利益とのつながりを断ち切

11　その後ルワンダ国際刑事法廷が設置されて，戦争犯罪，人道に対する罪，ジェノサイドなどが現在もまだ国際的に調査されている。
12　紛争地域において強制労働や子供らの強制労働によって産出される鉱石。
13　stakeholderとは，企業の利害と行動に直接・間接的な利害関係を有する者（利害関係者）。具体的には，消費者（顧客），従業員，株主，債権者，仕入先，得意先，地域社会など。

る[14]」ためのキャンペーンを展開している。この団体には，元政府および国連の職員，政策アナリスト，ジャーナリスト，弁護士，学生活動家などが参加している。本部はワシントンD.C.にあり，アフリカ，ワシントン，ニューヨーク，サンフランシスコ，ロンドン，ブリュッセルに拠点を置いている。

2010年に開始されたエシカル・キャンペーンは，紛争鉱物問題の認知を広め，問題解決のための製品不買運動を通じて，大手企業のビジネスの倫理化に向けた変革を推進し，併せてドッドフランク法に紛争鉱物に関する条項を盛り込むために貢献した。

3．アメリカ・ドッドフランク法[15] (The Dodd-Frank Wall Street Reform and Consumer Protection Act)

同法は，2008年以降の金融危機の原因と考えられた多くの事項に対応するために，2010年7月に成立した米国の金融規制改革法である。同法は，金融機関の説明責任と透明性の向上を通じて，アメリカ金融システムの安定性に寄与することを目的とする。同法の主要なポイントは，①消費者保護の強化，②金融システムに対するリスクの最小化と，監視システムの構築，③店頭デリバティブ市場の透明性強化，および，④金融機関の資本やリスクマネジメント態勢への規制の強化である。同法は，金融機関のみならず金融システムに影響を及ぼす可能性のある業務を行う企業を規制の対象としており，一定の条件を満たす銀行持株会社やノンバンク金融機関も規制の対象に含まれる。

同法の具体的内容の1つに「上場会社の規律[16]の強化」があげられている。例えば上場企業における不正行為や道義的責任問題が発覚し，それに伴う不買運動などによって経営が立ち行かなくなった場合などを想定し，法的規制のほかにも社会的責任（CSR）[17]についての規制を強化している。ドッドフランク法第1502条は，コンゴ民主共和国（DRC）およびその周辺国から産出されるスズ，金，タンタル，タングステンの4種金属を使用している場合は，「その

---

14 https://enoughproject.org/about.
15 ドッドフランク法は，1930年代の大恐慌時以来の金融改革立法であるといわれている。
16 規制の対象となる企業は，SEC（米国証券取引委員会）に登録された製造企業である。
17 一般的な企業に期待されるCSRとより公共性の高い上場企業に期待されるCSRとではその求められる水準が異なる。

原産国を合理的な調査手段により開示[18]しなくてはならない」と定めている。企業にとっては，自社が直接紛争国から購入しない場合でも，サプライチェーンの源流（製品の部品の原料も含め）を調査する必要があり負担が大きいプロセスといえる。紛争鉱物を製品に使用すること自体は違法とはいえず法的な制裁も予定されていないが，SECに対する虚偽報告があった場合には，SECからの制裁処置および一般の訴訟の対象となる。また，事実を隠蔽しつつ，紛争鉱物が使用された製品を販売した場合は，消費者による不買運動などを引き起こし市場からの撤退を迫られるリスクも予想される。

　上述の通り同法は，アメリカ上場企業に適用されるので，アメリカ資本市場で上場していない日系企業には適用されない。一方で，同法は企業に紛争国の武装勢力に荷担していないことの宣誓を求めている。社会的に強い影響力を有する上場企業については，サプライチェーン・マネジメント[19]の要素として，自社のステークホルダーのみならず「第三国の重大な利害関係人」への配慮が義務づけられつつある。

4．EU紛争鉱物規制

　2021年1月からEUで施行された紛争鉱物規則（Conflict Minerals Regulation）[20]は，タンタル，スズ，タングステン，金の4つの鉱石の貿易に関わるものである。これらの鉱石の取引は，しばしば軍事紛争における資金調達源となっている。また採鉱場では劣悪な労働条件で作業が行われているケースもあり，その経済取引の裏に政治，社会的な問題が隠れていることが多い。そのためこれらの鉱石は紛争鉱石と呼ばれるが，来年から施行となる欧州での規制は，主にこの紛争鉱石またはメタルの輸入業者を対象にしたものである。この規則により，欧州委員会は，規定内容を満たす製錬業者や精製業者の包括的リストを作成す

18　最終的には紛争鉱物報告書（Conflict Minerals Report）が消費者に対して明示されることを目的としている。

19　サプライチェーン・マネジメントとは，本来は物流システムをある1つの企業の内部に限定することなく，複数の企業間で統合的な物流システムを構築し，経営の成果を高めるためのマネジメント手法を意味する。

20　「紛争地域および高リスク地域からのスズ，タンタル，タングステンおよび金の輸入者に対するサプライチェーン・デューディリジェンス義務を課す欧州議会および理事会規則」（REGULATION（EU）2017/821）。

ることになっている。このリストには，欧州委員会に承認されたサプライ
チェーンのデューディリジェンスを実践している業者が掲載される。この
デューディリジェンスの内容は2017年5月に公表されたOECDによるデュー
ディリジェンスガイダンス[21]にそって実施されなければならない。

　上述したアメリカ・ドッドフランク法と比較すると，3TGをターゲットと
している点やデューディリジェンス義務，そのスキームの公開義務など類似点
が多い一方，ドッドフランク法は特定国（DRC）とその隣国を対象としてい
るのに対して，EU規則は，「紛争地域およびハイリスク地域」を対象としてい
る。EU規則の執行については，加盟国に一任されることになり，EU規則は不
履行についての罰則を設けていない。加えて，EU規則は，アメリカのように
サプライチェーンにおけるすべての企業を対象にするのではなく，輸入量が一
定の量を超える輸入業者のみを直接の対象としている。この点，工業材料とし
ての3TGの鉱石が対象であり，3TGを含有する電機製品や自動車など最終製
品を対象にしているドッドフランク法とは規制対象が異なっている（図表25-
1参照）。

21　Due Diligence Guidance for Responsible Supply Chains of Minerals from Conflict-
　　Affected and High-Risk Areas.

図表25 – 1　紛争鉱物のサプライチェーン規制区分の概念図

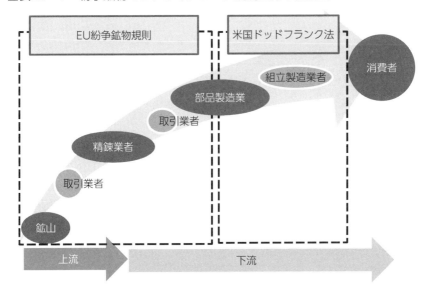

出典：筆者作成。

REMARKS

　製造者が国際競争を勝ち抜くためには，製品価格は重要なファクターである。そのためにはできるだけ安価に原料を調達し，安い労働力によって製品を量産することで製品価格を引き下げることが重要になる。しかし，そこにESGという倫理的なファクターを考慮した場合はどうだろうか。紛争地域で子供や女性を含む地域住民をただ同然で働かせて輸出された紛争鉱物を使用したスマートフォンやパソコンは，安いであろうがそれを人々は好んで購入するだろうか。また，そうした紛争鉱物は，武装勢力によって輸出されていることが多いが，それを購入することで地域紛争を助長する結果となっていないだろうか。こうしたビジネス倫理の次元から出発したサプライチェーン全般における倫理的ビジネスの展開という課題は，現在では法的な規制の対象に変容しつつある。

　アメリカ合衆国カリフォルニア州に木社を置く半導体素子メーカーであるインテルは，2009年からコンフリクトフリーへの取組みを開始している[22]。同社は，サプライヤーに対する調査を通じて，サプライチェーンをもっとも原料に近い精

錬所までさかのぼり，そこで認証する仕組みをつくるのがもっとも効率がよいとの結論に達した。インテルは2009年に業界初の精錬所の監査を行い，Conflict-free smelter program（CFS）を立ち上げた。2012年12月までに，インテルは20カ国の精錬所に対して調査を完了している。精錬所やサプライヤーにとって，CFの認証を得るためのコストは決して小さくないが，インテルは"Early Adopters Fund"という助成金制度を提供した。実際に各国の精錬所で監査を行ったことで，インテルは精錬所におけるトレーサビリティについての知識を深めた。さらに，インテルは連邦政府や民間と協力し，Public-Private Alliance for Responsible Minerals Trade（PPA）という組織を2011年に立ち上げた。PPAは，①健全なCFのサプライチェーンのパイロットを立ち上げ，②コンゴからの健全な鉱物の供給を支援するための，政府，業界，市民団体の協業のためのプラットフォームづくり等を目的としている。これは，トレーサビリティの難しさから，SECの規制は，中央アフリカからの鉱物への需要を急激に減らしてしまう危険性があるため，こうしたリスクから同地域の正規サプライヤーを保護する意図に基づく。

【参考文献】

デロイトトーマツ紛争鉱物対応チーム編『ここが知りたい　米国紛争鉱物規制―サプライヤー企業のための対策ガイド―』（日刊工業新聞社，2013年）

KPMG＝あずさ監査法人『紛争鉱物規制で変わるサプライチェーン・リスクマネジメント―人権問題とグローバルCSR調達』（東洋経済新報社，2013年）

22　以下のインテルの取組みは同社のホワイトペーパーに基づく。
　　https://www.intel.com/content/dam/doc/policy/policy-conflict-minerals.pdf.

CHAPTER 26　国際的人権の保護

［タイ産養殖エビ輸入差し止め事件］

FOCUS

　2021年５月にアメリカ税関・国境警備局は，日本のアパレル大手企業の綿シャツの輸入を差し止めた。その背景には強制労働に関与した企業が製造した製品である疑いがある。また，フランスの司法当局は，2021年７月に同社のフランス法人など４社につき人道に対する罪の隠匿の疑いで捜査を始めている。企業は，そのサプライチェーン全体について適切なデューディリジェンスを通じて，人権問題の有無を精査するとともに，もし人権問題が見出された場合には迅速な対応を図るべきであろう。

　「世界奴隷指標 2018」では，2016年現在，わが国において37,000人が現代奴隷の状態に置かれており，国内の人口1,000人に対して0.3人が被害者だったと推計している。また，日本における強制労働としては，公的制度である技能実習制度の下で働く移住労働者が挙げられる。技能実習制度は「実習生」への職業的スキル向上の機会を与えることよりも，単純労働セクターにおける人手不足解消を主たる目的としており，しかも搾取と人権侵害が起こるような構造になっているとして国際的な批判を浴びている。

　わが国はノートパソコン，PC，携帯電話の86％を中国とマレーシアからの輸入に頼っている。これら２国の電子機器産業は，その生産に現代奴隷を使っているリスクがあると考えられている。日本は，衣料品とアクセサリーについても，現代奴隷を使っているリスクがあるとされる国々から輸入している。魚介類もまた現代奴隷により汚染されたリスクの高い製品カテゴリーであり，日本の輸入魚介製品のうち44％が人権リスクの高い国から輸入されている。そのほか，現代奴隷のリスクがある製品は，コートジボワールとガーナから輸入されるカカオと，ブラジルとペルーから輸入している木材である[1]。企業はこのリスクに気づき，責任ある行動を取らなければならない。

KEYWORDS

現代奴隷法，世界奴隷指数，SDGs，ESG，サプライチェーン・マネジメント

CASE

　2015年にカリフォルニア州の3つの法律事務所は，奴隷制の産物として表示されていない限り，アメリカの小売チェーンであるコストコがタイのシーフードサプライヤー（CP Foods）から輸入するエビを販売することを停止する差し止め命令を求めて，サンフランシスコの連邦裁判所に集団訴訟を提起した。原告は，コストコが奴隷制に汚染されたサプライチェーンからエビを故意に販売したと主張した。エビのサプライチェーンは複雑であるが，これを追跡した2014年のイギリス大手新聞社ガーディアンの調査に続き，実施された国連および非政府組織による調査の結果，強制労働と奴隷制のための人身売買がタイの漁業部門で流行している事実が確認された。調査報告によると，タイ沖の漁船で動物のように人身が売買され，意に反して拘束された多数の男性が，世界中の主要スーパーマーケットで販売される養殖エビの生産に従事しているという。上記の世界の主要小売業者とは，ウォルマート，カルフール，コストコ，テスコ等である。調査によると，世界最大のエビ養殖業者であるタイを拠点とするCP Foodsは，奴隷制を駆使しつつ漁船を所有，運営，または購入している一部のサプライヤーから，養殖エビに餌を与える魚粉を購入していた[2]。

1　「Global Slavery Index（世界奴隷指標）2018」における日本についての記述から抜粋。
2　https://www.theguardian.com/global-development/2015/aug/19/costco-cp-foods-lawsuit-alleged-slavery-prawn-supply-chain.

図表26-1　各国の国家通報機構に照会のあった現代奴隷件数の比較

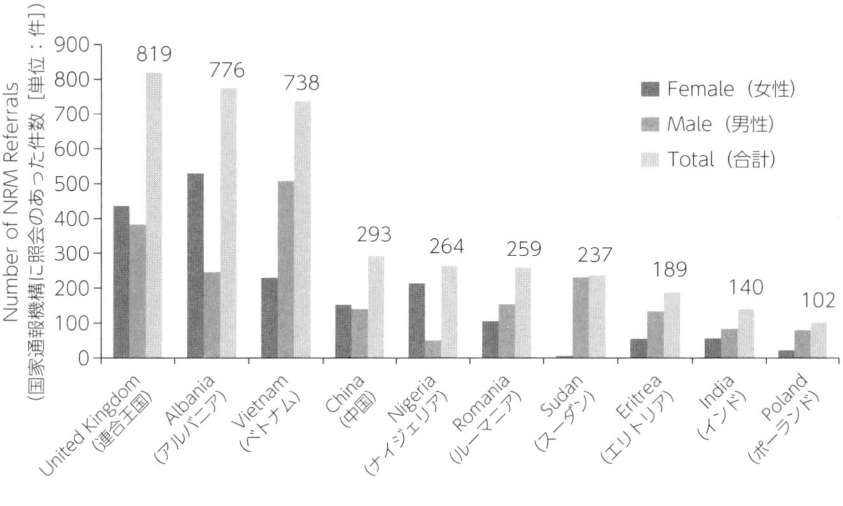

出典：2018 UK Annual Report on Modern Slavery（October 2018）.

1．現代奴隷法成立の背景

　現代奴隷とは，奴隷・隷属，強制・義務による労働と人身取引を指す[3]。2016年の世界奴隷指数報告書（以下「奴隷報告書」という）によると[4]，167カ国において4,580万人が現代の奴隷状態で生活している。そのほとんどが，製造業，建設業，農業などの民間セクターによる搾取の犠牲者であり，今日強制労働と奴隷は大きな市場を形成している（図表26-1参照）。そして，わが国では29万人が現代の奴隷制下にあると見積もられる[5,6]。また，アメリカ国務省の「2016年人身取引の実態をめぐる報告書」[7]では，わが国は，強制労働，性

3　2015年イギリス現代奴隷法で定義される通り。

4　https://www.globalslaveryindex.org/findings/.

5　Walk Free Foundation Global Slavery Index. http://www.globalslaveryindex.org/.

6　イギリス内務省は，2013年時点で約1万3,000人が国内で奴隷状態に置かれていると見積もっている。イギリスでは，BBCなどのメディアも取り上げてこの現代の奴隷制について社会問題として認識している。

7　アメリカ国務省，2016年人身売買報告書。http://www.state.gov/documents/organization/258880.pdf.

的搾取の人身取引の被害者の供給国であるとともにその通過国であるとされ，また「外国人技能実習制度」についても様々な問題が指摘されている。国際労働機関の推計では，こうした犯罪による不法な利益は年間1,500億米ドルに達するとみている。

　奴隷報告書によれば，現代奴隷とは人身取引，強制労働，強制的な性的搾取など，隷属を強いられる労働状態を指す[8]。また，こうした現代奴隷から生み出される違法利益は年間1,500億米ドルに上ると報告されている。

　2021年5月には，アメリカ税関当局は，中国の新疆ウイグル自治区での強制労働をめぐる輸入停止措置に違反した疑いがあるとして，ロサンゼルス港でファーストリテイリング（ユニクロ）のシャツの輸入を差し止めた。会社側は強制労働などの深刻な人権侵害がないことを確認していると反論しているが，アメリカ政府は中国の新疆ウイグル自治区の組織「新疆生産建設兵団」が生産した綿製品について，強制労働によって生産された疑いがあるとしてアメリカへの輸入を停止しており，ユニクロ製品はこの措置に違反した疑いがあるとされている。SDGsの達成に向けて，企業はそのサプライチェーン全体を通じて，現代奴隷への関与を排除することが求められている。

2．イギリス現代奴隷法

　イギリス現代奴隷法（UK Modern Slavery Act 2015）は，イギリスで事業活動を行う営利団体・企業のうち，年間の売上高が一定規模を超えるものに対して，奴隷労働と人身取引がないことを担保するために実施した取組みについて，年次報告書（Slavery and Human Trafficking Statement）を作成・公開することを求める法律である。2016年3月31日以降に終了する会計年度から適用が開始された。

（1）適用対象企業

　同法は，設立された国にかかわらず，イギリスにおいて商品もしくはサービスを提供するなどの営利活動を行い，（所在地を問わず子会社も含めた）年間

8　その内女性は71％を占める。

の売上高が3,600万ポンドを超えるすべての団体，組織に対し，毎会計年度ごとに奴隷労働と人身取引についての年次報告書の作成を義務づけている。グループ企業の場合は，グループとしての年次報告書に含めるグループ会社の範囲や，独立した年次報告書を公開すべきグループ会社について検討する必要がある。

（2）企業に求められる対応

　年次報告書は，ウェブサイトなどで情報公開し，社会に対し説明責任を果たすことが求められている。また，取締役会またはそれに準じる経営レベルの役員会等の承認および役員（またはそれに準ずるもの）による署名が必要となる。現代奴隷法では年次報告書のレイアウトやその構成についての特段の定めはないが，自社の事業活動とサプライチェーンにおいて，奴隷労働と人身取引がないことを担保するために実施したすべての取組み（または，いかなる取組みも実施していない旨の声明）を公表しなければならない。年次報告書に含み得る内容の項目は例示されているため，これらの項目に照らして年次報告書の内容を評価しそのランキングを公表しているNGOもある。

> 公表の内容にはばらつきがあるが，優れた報告例としては以下のようなものがみられる[9]。
> ● ビジネスチェーンとサプライチェーンを明確にマッピングし，会社の主要な製品，構造，および子会社（イギリスおよび海外）を詳細に説明し，サプライチェーンの構造と複雑さに関する詳細を提供する。
> ● 会社の行動規範における奴隷制と人身売買に特別な対応を図り，上級管理職と外部の専門家から意見を得る。
> ● 現代の奴隷制と人権に関する内部統治構造を，運営レベルとリーダーシップレベルの両方で設定する。

9　Modern Slavery Act 2015: updated guidance on reporting obligations by Milana Chamberlain, Stuart Neely, Gal Levin and Maria Kennedy, Norton Rose Fulbright LLP (available at :https://uk.practicallaw.thomsonreuters.com/w-011-0499?contextData=（sc. Default）&transitionType=Default&firstPage=true).

- ● 　サプライヤーとの契約に現代の奴隷制条項を含め，サプライヤーに下請け業者と同じことをするように要求する。
- ● 　自社の事業とサプライヤー全体で特定の現代奴隷制リスク評価を実施する。
- ● 　特定されたリスクを開示し，これらのリスクを軽減するために実施された行動計画を詳述し，これらの調査結果が企業のビジネス上の意思決定に役立つことを示す。
- ● 　従業員とサプライヤーに合わせた現代の奴隷制訓練を提供する。
- ● 　奴隷制や人身売買がビジネスやサプライチェーン内で行われていないことを保証する上で，会社がその有効性を測定するための特注の主要業績評価指標をリストする。

（3）義務に応じなかった場合の措置

　イギリスでは現代奴隷法の対象企業が年次報告書を公開しなかった場合，内務大臣の要請に基づき裁判所が「強制執行命令（injunction）」を出すことができる。「強制執行命令」に違反した場合，上限無制限の罰金が科せられる可能性がある。また，義務に応じない企業は市民社会からも非難されるといったレピュテーション・リスクが生じることも予想される。

3．現代奴隷撲滅に向けたその他の立法例

　カリフォルニア州では，サプライチェーンにおける奴隷労働および人身売買に関するリスク評価・対応のための監査などを企業に義務づけるカリフォルニア州サプライチェーン透明法（California Transparency in Supply Chains Act of 2010）が2010年に成立し，2012年1月1日から施行されている。本法は，大規模な小売業者や製造業者が，①自社のサプライチェーンから奴隷労働や人身売買を根絶するための努力に関する情報を消費者に開示し，②責任を持ってサプライチェーンを管理している企業が製造した商品を販売していることを開示し，③これにより奴隷労働や人身売買の被害者の生活を改善することを目的としている。なお，本法の規制対象となる事業者は，①カリフォルニア州で事業を行い，②全世界で年間総収入1億ドル以上を計上する，③小売業者と製造業者である。

　また，オーストラリアにおいても現代奴隷法（Modern Slavery Act 2018）が施行された。社会問題の1つである強制労働や人身取引といった課題に対する取組みの1つである。本法の背景には，1970年代から1990年代にかけてのアパレル企業における強制労働問題が存する。なお，イギリスやオーストラリア以外の国でも同じような動きがみられるが，これは国連が2011年に「ビジネスと人権」に関する指導原則を採択したことによる。

　オーストラリア現代奴隷法は，ニューサウスウェールズ州および連邦レベルの両者において，企業のオペレーションとサプライチェーンに関して，現代奴隷制度のリスクに積極的に対処することを遵守させるために，その取組みについての外部報告を義務づけるものである。

　なお，具体的な報告要件は以下の通りである。

①　企業の構造，そのオペレーションおよびサプライチェーン
②　企業のオペレーションとサプライチェーンに存在する現代奴隷制度のリスク
③　リスクの評価と対処のために講じている措置（デューディリジェンスと軽減措置を含む）
④　企業における当該措置の有効性評価方法
⑤　企業が所有または支配する企業との協議プロセス

　この報告は政府管轄のオンラインデータベースに集約され一般公開される。同法に基づく報告義務を遵守しない企業には同法に基づき罰則が適用される可能性がある。

REMARKS

　現代奴隷はグローバルな問題と位置づけられ，強制労働の被害者の約90％が民間経済の中で生まれている[10]。また，現代奴隷の撲滅はSDGsのターゲットにも明示的に示されている。そしてESG投資を推進する機関投資家の人権重視の動きも踏まえると，こうした動向に無関心でいることは，深刻な経営リスクを招来する懸念がある。2020年４月には，欧州委員会のレンデルス司法委員は，人権デューディリジェンスを企業に義務づける指令案を2021年上半期に提出すると公表した[11]。

　「奴隷と人身取引に関する声明」について，現代奴隷の撲滅に向けて具体的にどのように対応していくのかという問題に関して，以下のガイドラインが参考になる。

1. イギリス政府は，2015年10月29日に「Transparency in Supply Chains A practical guide（サプライチェーンの透明性：実践ガイド）[12]」を発行し取組みを促している。このガイドラインの作成については，Ethical Trading Initiative（ETI）やAnti-Slavery International，British Retail Consortium（BRC）などのNGOや関連団体が関わっている。ガイドラインには，企業がどのようにこの現代奴隷法に対応すればよいのかが詳細に書かれている。

2. 人権NGOの「コア(Core)」が中心となり，「Beyond Compliance：Effective Reporting Under the Modern Slavery Act（コンプライアンスを超えて：現代奴隷法下の効果的な報告）[13]」というガイドラインを2016年３月16日に発行し，NGO・市民社会の視点から，その重要性を訴えている。

10　ILO website「Statistics on forced labour, modern slavery and human trafficking」（2021年６月確認）.

11　European Parliament Committee on Legal Affairs「Draft Report with recommendations to the Commission on corporate due diligence and corporate accountability」（2020年９月11日）.

12　Transparency in Supply Chains A practical guide.
https://www.gov.uk/government/uploads/system/uploads/attachment_data/file/471996/Transparency_in_Supply_Chains_etc__A_practical_guide__final_.pdf.

13　Beyond Compliance: Effective Reporting Under the Modern Slavery Act.
http://corporate-responsibility.org/wp-content/uploads/2016/03/CSO_TISC_guidance_final_digitalversion_16.03.16.pdf.

3．Stronger Togetherというイギリスのイニシアティブが，現代における奴隷制を企業のサプライチェーンから排除するためのツールを作成し提供している。多くのツールはイギリスをベースとする内容だが，グローバル・サプライチェーンに関するツールについて2016年6月に発行している[14]。
　上記の各ガイドラインが示す通り，サプライチェーンのデューディリジェンスが重要性を増している。そのいずれかの部分で現代奴隷の関与が疑われる業者が見出された場合は，早急に取引を停止するとともに誠意ある対応を検討し公開することが求められるであろう。

【参考文献】

Sunil Rao, *Modern Slavery Legislation: Drafting History and Comparisons between Australia, UK and the USA*（Routledge, 2019）

---

14 Stronger Together: Toolkit Tackling Modern Slavery in Global Supply Chains – A toolkit for businesses to address risks in their global supply chains（June 2016）. http://stronger2gether.org/resources/.

CHAPTER 27　知的財産権保護と国家の非常事態

［違法コピー薬輸入差し止め事件］

FOCUS

　新薬の開発に製薬会社は膨大な投資を行っている。例えば，1999年からの5年の間に，新薬になる可能性のあった46万を超える化合物について開発が始められたが，この期間に新薬として承認されたのはわずか36件のみであり，新薬として市場に登場するのはわずか0.00775％といわれている[1]。このように膨大な資本を投じて開発された新薬の技術は，特許権によって保護される。その特許の有効期間中に技術を盗用し製造することは違法な行為として制裁の対象となる。

　伝統的な製薬会社のビジネスモデルは新薬開発に膨大な資本を投じ，成功した技術については特許制度の下で独占的権益を獲得し，そこから生じた利益を次の新薬開発に投じるというものである。もし，新薬の価格を引き下げて開発投資・費用の回収を不可能にすれば，その後の回収の技術的開発のインセンティブを著しく低下させ，より優れた新薬開発のための投資を鈍らせる懸念がある。

　人々をエイズの恐怖から救うために開発された抗ウイルス薬であるが，資本の論理からは，万人に行き渡らせるにはほど遠い現実の下で製薬会社のビジネスモデルは維持されるべきであろうか。

KEYWORDS

ビジネスモデル，特許権，プロ・パテント政策，TRIPS協定，ジェネリック，輸入差し止め

1　日本製薬工業協会のWebsiteから抜粋。
　　http://www.jpma.or.jp/event/campaign/campaign2005/medistory05.html.

CASE

　エイズ（HIV）[2]感染者数の増加は，人々を恐怖に陥れた。2000年当時，アフリカを中心に，発展途上国には約5,000万人のHIV感染者がいたといわれる。「遠くない将来，我々はみな死んでいるかも知れない」と誰もが不安を抱いていた。しかし，人々をこの恐怖から救ったのは，メガファーマ（大手製薬会社）[3]によるエイズ治療薬[4]の開発である。最先端の技術を活用して，メガファーマが先を争っての研究開発に取り組んだ結果，エイズ治療薬は誕生した。しかし，メガファーマが巨額な研究開発のための投資を行って誕生した製薬技術は，特許権[5]によってのみ利益の回収が可能になる。この製薬会社のビジネスモデルは予期せぬ社会問題を引き起こした。先進国で使用されるエイズ治療薬は，数種類の高価な薬品を複合して服用するため，１年分で100万円以上するといわれるが，最貧国では政府の保健予算が国民１人当たり年間1,000円程度であるといわれている。薬は存在するが，途上国の患者はそれが買えない。そこで，インドの製薬会社であるシプラ社は，特許料を払うことなく違法なコピー薬を製造し，インド国内で安価な価格で販売した。多くのエイズ患者を抱える南アフリカ共和国は，こうした違法なエイズ薬を輸入することを決定したが，先進国の製薬会社[6]は，輸入差し止めを求めて南アフリカ共和国の裁判所に提訴した。

　上記の提訴については，国境なき医師団がインターネット上で呼びかけた「訴訟取り下げ要求署名」にはわずか６週間で130カ国のNGO組織の賛同を得た。欧州議会は，「第三世界のエイズ患者に治療薬を」という緊急決議を採択し，マンデラ前南ア

2　エイズ（後天性免疫不全症候群）は1981年に発見され，世界を恐怖に陥れた。

3　一般的に年間売上高が１兆円を超え，世界的な売上げ規模がトップ10に入るような新薬メーカーを指す。例えばアメリカのファイザーやメルク，イギリスのグラクソ・スミスクライン，フランスではサノフィ・アベンティス，スイスのノバルティスやロシュなど。

4　現在エイズの薬は３種類あるが，それらの作用機構は異なるものの，HIVの増殖を抑えるという作用は同じといわれる。これらの薬を複数合わせて処方する方法により，ウイルスの増殖を抑えることが可能となる。したがって，完全な治療薬というわけではない。

5　特許は，有用な発明をなした発明者またはその承継人に対し，その発明の公開の代償として，一定期間，その発明を独占的に使用し得る権利（特許権）を国が付与するもの。知的財産権の１つ。日本の特許法においては，特許制度は，特許権によって発明の保護と利用を図ることにより，発明を奨励し，また産業の発達に寄与することを目的とする（特許法第１条）。なお，わが国では，特許権の存続期間は，出願の日から20年をもって終了する（医薬品等の一部について，存続期間の延長登録のあったものは最長25年）（特許法第67条）。

6　ノバルティス，ロシュなど大手薬品企業39社は，エイズ治療のための特許薬の安価なコピー品の輸入を許す南アフリカの法律が薬品企業の特許権を侵害していると訴えた。

フリカ共和国大統領をはじめデンマーク・オランダの首相や欧米の著名な政治家が，提訴取り下げを求めるアピールを発した。そして，エイズ治療薬をめぐる南アフリカ民衆をはじめとした世界の反グローバリズムの闘いは，大きな成果を手にした。コピー薬を認める薬事法問題で南アフリカ共和国政府を同国高裁に訴えていたメガファーマ39社は2001年4月に，その訴えを無条件で取り下げた。

　2003年には南アフリカ共和国最大のジェネリック製造メーカー，アスペン・ファーマケア社は，3種類の混合HIV薬を製造し，1人当たり1日1ドル以下で販売する計画を発表した。アスペン社は既に同年8月初旬，アフリカ初の抗レトロウイルス薬である「アスペン-スタブジン」の製造を開始している。スタブジンはブリストル・マイヤーズ・スキップ社のスタブジン「ゼリット」（商標名）の特許下で製造している。アスペン社は他に似たような特許薬であるグラクソ・スミスクライン社とベルリンガー・インゲルハイム社のジドブジン，ラミブジン（3TC），コンビビル，ジダノジン，ネビラピンのジェネリック薬を同国の医薬管理局に申請した。

1．AIDS問題：2000～2001年の状況

　当時のアフリカ大陸の情況については以下の記述が参考になる。

　「HIVウイルスが，アフリカ大陸を容赦なくむしばんでいく。だがほとんどの者は，ただ目をそむけるばかりだ。満員の病室で，人里離れた小屋で，病人の体から肉がそげ落ちていく。安置所には死体がうず高く積まれている。下の方の死体は，押しつぶされて顔の見分けもつかない。名前も番号もない，盛り土をしただけの墓があちこちで増え続ける。働き盛りの親を失った子供たち，兄弟姉妹を亡くした子どもたちが，途方に暮れて泣いている。患者はひっそりと死んでいく。医師はその死因を口にせず，記録にも残されない。遺族はただ恥辱感に身を縮め，指導者は責任逃れに奔走する。あたりを支配するのは，否定と沈黙。このままではエイズという病に立ち向かうことさえできず，敗北を認めるしかないだろう。　先進諸国もまた，沈黙に支配されている。他の些細な問題には口をはさんでも，アフリカのエイズとなると，国際会議の時だけスポットライトのスイッチを入れ，終わればさっさと切ってしまう。中には寄付を続ける支援者もいるし，各国政府も「もっと対策を」とかけ声だけは上げる。

だが，同じことが欧米で起きていたら，対応はまったく違うはずだ。これまで
にもエイズ患者やエイズ孤児の写真を見たり，死者数などの統計を聞いたこと
はあるだろう。だが，悲惨な実態を把握するためにはそれだけでは不充分だ。
今回われわれが試みたインタビューに耳を傾けてみてほしい。エイズをめぐる
タブーや無知，貧困，性的暴力，出稼ぎ労働，政治的背景などの問題点が見え
てくるはずだ。アフリカのエイズは，単に医学上の問題にとどまらない。病は
患者の体だけでなく，社会全体を蝕んでいる。人類に感染したエイズ・ウイル
スは，ただ人間の健康だけでなく，社会・経済・政治のシステムそのものを汚
染する病原体へと変異した。ここにアフリカ独特の社会構造が追い討ちをかけ
るようにウイルスの蔓延を助け，有効な対策を妨げる結果となっているの
だ[7]」

　南アフリカ共和国では，当時470万人（成人人口の4人に1人[8]）という世界
最多のエイズ感染者を抱えており，高価なエイズ治療薬が入手できないまま多
くの感染者が死亡していくという危機的な状況に直面していた。政府が，違法
な治療薬の輸入に踏み切った前年には，約25万人の国民がエイズで死亡したと
いわれる。

2．製薬会社のビジネスモデル

　製薬会社は，明日の医療へ貢献するため，新薬開発に努力しつづけている。
将来的に新薬になると期待される候補は数多くあるが，研究・開発が進むにつ
れて，大半は有効性や安全性に問題が生じ，開発をあきらめなければならない。
また，新薬開発には，10年間という期間と，200億円以上の開発研究費が必要
とされるといわれる。こうした困難を超えて継続して開発に取り組むインセン
ティブが特許権[9]の存在である。

　世界貿易機構（WTO）加盟国はTRIPS協定（知的所有権の貿易関連の側面
に関する協定：Agreement on Trade-Related Aspects of Intellectual Property

---

7　2001年2月15日「アフリカを覆うエイズの影」（TIME Asia, By ジョハンナ・マクギア
　　リィ）http://www.arsvi.com/2000/010215.htmから抜粋。
8　南アフリカ共和国におけるHIV感染拡大の一因として女性に対する性暴力の問題があると
　　いわれている。

Rights）によって20年間は発明者に独占的な権利を認める義務が生じる。TRIPS協定とは，GATTのウルグアイ・ラウンドが発展的に解消して，1995年にWTOが設立された際の主要な付属議定書の１つであり，国際貿易，投資の促進，円滑化のためには知的財産権の保護が不可欠との認識から定められた。WTO加盟国は，内国民待遇，最恵国待遇を原則に，知的財産権保護のための国内法整備が必要とされ，模倣品・海賊版の防止，そして取り締まりに対して実効性が高い点に特徴がある。TRIPS協定については，開発途上国と先進国との主張がたびたび対立。当初の協定では，特許権者の許可なくコピー薬を製造することを禁じていたが，途上国のエイズや鳥インフルエンザなどの感染症対策を後押しするため，WTOは2005年，特許権者の許可がなくても途上国政府がコピー薬の製造許可を出せる権利を認めた。

　特許は，有用な発明をなした発明者またはその承継人に対し，その発明の公開の代償として，一定期間（わが国では原則として20年間）その発明を独占的に使用し得る権利を国が付与するものである。日本の特許法においては，特許制度は，特許権によって発明の保護と利用を図ることにより，発明を奨励し，また産業の発達に寄与することを目的とするとされている（特許法第１条）。元来，人類による発明は経済学的には公共財に属するものであるとされるが，特許制度の下では，新薬を開発した製薬企業は，この特許権を活用することによって，一定期間発明を独占し，そこから収益を得ることができる仕組みが法律によって保護されている。

　政府のプロ・パテント政策[10]の下で，企業は巨額の資金を投じて発明に取

9　アメリカにおいて，特許権者の排他的権利は，連邦地裁に特許侵害訴訟を提起することによって執行が可能となる。これによって発明者側勝訴の場合には，裁判所は侵害者に対して，侵害行為を停止するよう命じることが可能となり，さらに侵害による損害の賠償請求が可能となる。また，特許権の侵害者が，特許の存在を認識しており，自社製品の特許侵害を疑って然るべき状況にあり，さらに侵害行為につき抗弁事由を持たないことが立証された場合には，裁判所は実際の損害額の３倍の額について賠償を命じることが可能である（懲罰的損害賠償制度）。

10　特許権などの知的財産権の重視，強化政策。先進主要国の産業政策は，経済のグローバル化を背景に，対外的な国際競争力の確保の観点より1990年代後半から知的財産権の擁護，強化への流れが顕著となっている。その端緒は，80年代からの米国レーガン政権下での一連の知的財産権の保護，強化政策である。具体的には，82年の特許関連裁判制度の見直し，知的財産権保護が不備な国への制裁措置を定めたスーパー301条を含む88年の

り組み，優れた発明を特許権によって保護することは，ビジネスモデルの基本であり，企業法務はそうした知的財産権保護に重要な役割を演じている。なお，特許権は自らその発明を独占使用する権利であるばかりでなく，ライセンス契約を通じて第三者にその技術の使用を許諾し，対価（ロイヤルティ）を取得するという権利の行使も可能である。知的財産権やその権利行使に関わる様々な法的問題は，国際ビジネス法の重要なテーマの1つでもある。知的財産権に関する条約は種々存在するが，基本的には各国国内法によってそれらの保護がなされている。

REMARKS

　パンデミック（伝染病の世界的大流行）の状況下では，治療薬やワクチンが途上国も含め誰にでも行き渡るよう国際的な協調が望ましい。緊急事態や公共の利益のために特許権の制限を可能にする「TRIPS協定（知的所有権の貿易関連の側面に関する協定）」などに沿った対応が望まれるが，製薬会社のビジネスモデルとの関係でどのような調整が可能か。2000年当時の南アフリカ共和国におけるエイズの感染状況と，製薬会社のビジネスモデルが生んだ矛盾は，今後も鳥インフルエンザや，テロ攻撃による炭疽菌の散布，エボラ熱の治療，そして新型コロナウイルスの治療薬開発など様々な局面で問題になる可能性がある。

　企業をめぐる環境の変化とともに企業法務の戦略も変化を遂げている。戦略法務とは，企業経営上の重要な意思決定に参加し，企業の意思形成に関わる法律事務である。そして企業経営における経営判断と法的判断を一体として処理するリーガルリスク・マネジメントの重要性が説かれてきた[11]。しかし，SDGs経営の下では広く企業のステークホルダーの利害を俯瞰し，社会的使命を意識した経営判断に企業法務が倫理的な価値判断も含めていかに機能すべきかが問われている。

包括貿易法の成立などがある。日本でも，2002年の知的財産戦略会議発足から2003年の知的財産基本法の成立，それに基づく知的財産戦略本部の設置および知的財産推進計画の策定，と順調に知的財産立国への取組みが続いており，2006年の計画では，第2ステージとして世界最先端の知財制度の確立を掲げている。

11　大矢息生＝村山恭二＝竹内規浩『リーガルリスク・マネジメントと戦略法務』（税務経理協会，1998年）5頁。

【参考文献】

山根裕子『知的財産権のグローバル化—医薬品アクセスとTRIPS協定』（岩波書店，
　2008年）

新山智基『世界を動かしたアフリカのHIV陽性者運動—生存の視座から』（生活書院，
　2011年）

CHAPTER 28 EU環境・有害物質規制

[飼料添加物使用禁止事件]

FOCUS

ESGを目標に掲げる現代の企業経営において環境への配慮は不可欠である。EUの環境政策がスタートしたのは半世紀以上前であるが，経済危機から回復しつつある欧州では，環境分野が重要な成長エンジンの1つになっており，2000年から2012年の12年間で環境製品や環境サービス関連の雇用は290万人から430万人まで増加した。このように，EUにとっても環境政策は，雇用創出や，投資の刺激など，いわゆる「グリーン成長」としての役割の重要性が認識されている。EUは係る状況において世界的にみても厳しい環境・有害物質規制を導入している。

KEYWORDS

環境規制，予防原則，サプライチェーン・マネジメント，REACH規則，RoHS規制，WEEE規制，人権に関する多国籍企業および他の企業の責任に関する規範

CASE[1]

欧州議会は，動物の飼料用添加物として使用されている4種類の抗生物質（バージニアマイシン，亜鉛バシトラシン，スピラマイシン，チロシンフォスフェイト）の4つの抗生物質を動物の飼料用添加物として使用することを禁止する規制を制定した。その理由は，抗生物質を家畜用飼料に使用すると，これらの抗生物質およびこれに関連した医薬品に対する人体の抵抗力が増すため，その飼料が使用された肉を食べる人

1　参考判例：AlpharmaInc. v Council（T-70/99）[2002]，Pfizer Animal Health v Council（T-13/99）[2002]，Artegodanand others v Commission（T-74/00）[2002]　など（欧州司法裁判所判決）。

間に抗生物質に対する耐性が生じる可能性があるからである。そこで，製薬会社２社は，それが完全なリスク・アセスメントによるものではないとして同規則の無効を主張した。

　しかし，2002年にEUの第一審裁判所は９月11日，成長促進用飼料添加物として使用が認められていた上記の４種類の抗生物質について，使用を禁じた1998年12月のEU農業閣僚理事会の決定を支持する判決を下した。

1．EUにおける環境・有害物質規制と予防原則

　現在ではほぼすべての人の細胞中に，有害な化学物質が存在するといわれている。これらの化学物質は，事業者により製造され，使用されている過程において，徐々に人体に吸収されたものである。20世紀以降，世界的に化学物質の生産量は飛躍的に増加した。人体にとって危険な化学物質は安価な原材料である可能性がある。製造業者は，安価な化学物資を使用して，コストダウンを図ることが可能となるが，人体をそして地球環境を安全に保ち，生活に不可欠な環境を次世代に引き継いでいくためには，人体や環境にとって有害な物質の規制が必要となる。欧州連合（以下「EU」という）は，環境政策を重要な政策の１つと位置づけ，気候変動，自然と生物多様性，環境と健康，天然資源と廃棄物の４つの分野について様々な先駆的取組みを継続している。

　本CASEに関して欧州第一審裁判所は，健康に対するリスクの存在またはその程度について，仮に科学的不確実性が存在する場合であっても，欧州議会はリスクの実態や深刻さが十分明らかになるのを待つことなく人体や環境にとって有害な物質の規制・予防措置を講ずることができると判断し，いずれの製薬会社の異議も棄却した。その後も，欧州裁判所は上記の予防原則がEU法の下で行使されることが可能な条件を詳細に検討してきたが，欧州委員会が2000年に公表した予防原則の指針は，この判決にそった内容となっている。実際に，予防原則は，科学的不確実性により欧州議会の決定の合理性を十分説明できない場合であっても，法的措置の法適合性を確保する機能を果たしている。この予防原則は，以下に説明する化学物資や電子・電気機器における特定有害物質の規制並びに電気・電子機器廃棄物のリサイクルに関するEUの規制の枠組み

の基礎を構成している。

２．REACH規則

REACH（Registration, Evaluation, Authorisation and Restriction of Chemicals）は，農薬や医薬品は対象外となっているが，2006年にEC規則[2] No 1907/2006として可決され，2007年から実施された（以下「本規則」または「REACH規則」という）。本規則は，欧州における化学物質の総合的な登録・評価・認可・制限の制度である。生産者・輸入者は，生産品・輸入品の全化学物質の，人類・地球環境への影響についての調査および欧州化学物質庁（European Chemicals Agency）[3]への申請・登録 を義務づけられている[4]。さらに，認可制度に基づき使用の規制を受ける物質（以下「規制物質」という）については，使用する場合は庁の認可を受けることが必要となる[5]。規制物質については，製造者，使用者，輸入者等にREACH規則に従った管理が求められる。

認可対象候補物資（または高懸念物質）とは，REACH規則第59条の手続きにより定められる物質であり，REACH規則第57条で規定される特性（重篤な「発がん性，変異原性，生殖毒性，難分解性，生物蓄積性，毒性など」が懸念される特性）を持つ物質から選定され，この中から認可対象候補物質が選定される。こうした認可対象候補物質が公表された段階から，「成形品中に認可対象候補物質を含有する場合はその情報等を受領者に伝達しなければならない」などREACH規則に基づく義務が発生する。

日本の「化学物質の審査及び製造等の規制に関する法律」[6]やアメリカ合衆

2　EU法の下でDirective（指令）とは，加盟国に対してある目的を達成することを求めるもの，その方法までは定めていない。これに対してRegulation（規則）とは，それ自体が執行力を持ち，各加盟国は国内立法手続きを必要としない。指令は，加盟国内で適切な法令が採択されることに関し，加盟国に一定の裁量を与えている。また欧州連合の機関においてどのような立法手続きが選択されるかについては，扱われる政策分野によって決められる。
3　本部はフィンランド共和国ヘルシンキに所在。本機関は2007年6月から運用を開始した。
4　年間1トン以上の物質はすべて2018年6月1日までに登録しなければならない。
5　その物質をより安全な代替物質へ，その製造・使用取扱いをより安全な代替技術への切り替えが困難であり，かつ産業活動上使用が不可避な場合にのみ認可が下される。
6　昭和48年法律第117号。

国のToxic Substances Control Actが「新しく製造・輸入される化学物質」を規制しているのに対し，REACHは，既存の化学物質[7]についても改めて新規物質と同等のデータの登録を段階的に求めるものとなっている。これによって，新規物質と既存物質の差別をなくし，新規物質参入の機会を増大させ，より安全な物質と技術への代替の促進を図ることを狙っている。事前届出制度（届け出のないものは製造や輸入ができなくなる制度）という側面は，日本やアメリカ合衆国と同様であるが，既存物質についてあらためて新規物質と同等のデータを求めていることは，REACH規則の包括的化学品規制法としての特徴を示すものである。

REACH規則を遵守して，化学物質を安全に使用するという目標を達成するためにはサプライチェーン・マネジメントが不可欠となる。その供給元への化学物質の情報提供は，安全性データシート（Safety Data Sheet）によって行われる。

REACH規則の違反については，加盟国は2008年12月１日までに有効で均衡がとれ，かつ抑止的な罰則を各加盟国が策定することを求めている（REACH規則第126条）。

3．RoHS規制

RoHS（Restriction of the use of certain Hazardous Substances in electrical and electronic equipment）は，電子・電気機器における特定有害物質の使用制限に関する規制である[8]。現行のRoHS指令は，欧州議会・理事会指令2011/65 /EU（2011年）である。この指令は2003年２月に発効した2002/95/ECを改正するものであり，2006年以降にEU市場に上市された電気・電子製品に鉛，水銀，カドミウム，六価クロム，ポリ臭化ビフェニール（PBB），およびポリ臭化ジフェニルエーテル（PBDE）の６物質を使用することを原則禁止している。また改正指令では，禁止物質の追加について定期的に検討すること

7　既存化学物質とは化学物質の事前登録/届出制度が成立する以前に使用されていた物質であるが，REACH成立以前は，安全性に関するデータなどは要求されていなかった。

8　医療関連機器（すべての移植機器および汚染機器を除く）およびモニターおよび制御用機器は除外されている。

が定められており，2014年にフタル酸ビス（2-エチルヘキシル）（DEHP），フタル酸ジブチル（DBP），フタル酸ベンジルブチル（BBP），およびヘキサブロモシクロドデカン（HBCDD）の使用規制について検討が開始された。

　RoHS規制は，環境や人体に有害な化学物質が自然環境に曝露されないように，電気・電子機器の製造段階で特定有害物質の使用を規制するものであるが，以下に述べるWEEE規制は，廃電気・電子機器の不法な処理により自然環境が汚染されることを防止するために，リサイクルシステムを構築するための規制である。

4．WEEE規制

　WEEE指令(Directive on Waste Electrical and Electronic Equipment：WEEE)は，電気・電子機器廃棄物に関する欧州議会・理事会指令2012/19/EU（2012年）を意味する。本指令は，2003年に発効した欧州議会・理事会指令2002/96/ECを改正したものである。本指令の目的は，WEEE（電気・電子機器廃棄物）の発生を抑制し，再利用やリサイクルを促進して廃棄されるWEEEの量を削減することにあり，加盟国および生産者にWEEEの回収・リサイクルシステムの構築・費用負担を義務づけている。これは，生産者責任原則，つまり環境に負荷を与える物を製造した者が，その処理（回収，リサイクル，再利用）などのコストを負担するという考え方に基づく規制である。

5．環境保護と企業の責任

　グローバル企業の行動は国際社会のみならず地球規模の環境に重大な影響を与えている。国際連合による公正な企業行動を確保するための取組みは，1960年代に始まったが，UNCTADやILO，WHO，UNICEFなど国連諸機関が企業行動ガイドラインを作成してきた。特に2003年に採択された「人権に関する多国籍企業および他の企業の責任に関する規範」において，企業は，その活動および影響の範囲内で，国際法および国内法で認められた人権を保障する義務を負うと規定されている。この規範はOECD多国籍企業ガイドライン[9]も参照し

9　経済協力開発機構（OECD）加盟国およびこれを支持する諸国において事業を行う多国籍企業，あるいはOECD加盟国および指針を支持する諸国の多国籍企業に対する政府の勧告。

ているが，その実施措置についてはガイドラインよりも強化された内容となっている。上記の規範には，環境保護に関する義務も含まれており，国際的に認められた環境基準や持続可能な発展という目標に照らして環境権を尊重する義務や，製品・サービスに関するすべての段階における環境への影響に責任を負担すること，さらに意思決定過程において定期的にその活動の環境への影響を評価する義務などが定められている。

　こうした状況の下で，企業には環境・有害物質規制を単に遵守するのみならず，環境，人権，公衆衛生，生命倫理，そして予防原則に立脚した自発的な環境への取組みが期待されている。

REMARKS

　EUでは市場から人体や環境にとって危険な製品を排除することを目的に，EU委員会を通じた参加国内での迅速な情報交換を行うための「RAPEX[10]」が運用されており，この下で通知された各違反製品やその内容は「Safety Gate」を通じて公表されている。2019年に欧州委員会(EC)当局によってRAPEXの年次報告書が公表されたが，欧州化学工業連盟(Cefic)は2020年2月13日に，2019年のRAPEXの通知内容のうち，化学物質関連法規制の違反事例に特化した分析結果を公表した。2019年のRAPEX通知のうち，化学物質法規制に関連する通知は1,468件であった。Ceficによると2018年に比べ違反事例は24％と大幅に増加しており，その要因は2019年にRoHS規制の執行監視が強化されたことが挙げられている。なお，REACH規則の制限違反は2018年と同程度の件数であった。

【製品別違反件数】
第1位：玩具（785製品：53％）
第2位：化粧品（232製品：16％）
第3位：化学品（169製品：12％）
第4位：宝飾品（84製品：6％）
第5位：衣類・繊維製品（61製品：4％）
【違反原因となった化学物質】
第1位：フタル酸エステル類（366製品：25％）

10　Rapid Alert System for dangerous non-food product.

第2位：ほう素（溶出）（161製品：11%）

第3位：鉛（157製品：11%）

第4位：カドミウム（122製品：8%）

【違反法令】

第1位：REACH規則（602製品：42%）

第2位：玩具指令（261製品：18%）

第3位：RoHS規制（243製品：17%）

第4位：化粧品規則（177製品：12%）

第5位：タトゥーインキ等の安全性に関する欧州評議会決議（74製品：5%）

＊特に半数弱を占めるREACH規則の違反製品については，EU/EEA域内製品は4%程度しかなく，EU/EEA域外からの輸入品が92%と違反割合が圧倒的に高いことが示されている。このことから，Ceficは，EUは世界でもっとも厳しい化学物質関連規制を有しているが，適切に実施されなければ人や環境の保護につながらず，そのためには輸入製品に対する適切な執行が重要であると述べている。

（出典：https://www.tkk-lab.jp/post/reach20200306）

　REACH規則は施行後10年以上が経過しているが，RAPEXやECHA執行フォーラムによる執行監視では，結果として多くの違反事例が報告されている。違反が明らかとなれば，その改善に向けて執行監視の強化等が図られることになる。人や環境を有害物質から守るために企業は規則の遵守を徹底すべきである。

【参考文献】

中西優美子『概説　EU環境法』（法律文化社，2021年）

中西優美子『EU環境法の最前線　日本への示唆』（法律文化社，2016年）

CHAPTER 29　海洋汚染事故

［タンカー座礁事故による油濁事件］

FOCUS

　ESGとは，「Environment（環境）」，「Social（社会）」，「Governance（ガバ
ナンス）」の３つの頭文字をとったものであり，2006年に，国連事務総長コ
フィー・アナン氏（当時）が発表した「責任投資原則（PRI）」の中で，投資判断
の新たな観点としてESGが提唱された。ESGは，各分野への適切な対応が会社の
長期的成長の原動力となり，最終的には持続可能な社会の形成に役立つことが理
解されるにつれて，企業はESG経営に重点を移すべくガバナンス改革を推進して
いる。

　ところで，2008年に発効したバンカー条約（燃料油による汚染損害について
の民事責任に関する国際条約）の目的は，海難事故による汚染損害への責任の所
在を明確にし，被災国が適切な補償を受けられるようにするためにルールを定め
ることにある。同条約に基づき船主はP&I保険と称される保険を付保している。
バンカー条約には日本も加入しており，日本国内での燃料油による油濁事故につ
いては，同条約を国内法制化した「船舶油濁等損害賠償保障法」に基づき解決が
図られる。これらの規範の下で，海難事故による汚染損害についての法的責任は
船主が負担する。一方で，本CASEは，ESGが密接に関連する事件であり，また
船主に比較して傭船者の企業規模が大きく，またグローバルに活動を展開してい
る場合には，利害関係人はESGの視点から傭船者の責任を追及するであろう。そ
の意味において，本CASEは傭船者の社会的責任が問われた事件である。

KEYWORDS

定期傭船契約，船主責任制限条約，船主責任保険，バンカー条約，ESG経営

CASE

　長鋪汽船株式会社（岡山県笠岡市所在）の関連会社が保有・管理するケープサイズ[1]バルカー「WAKASHIO（わかしお）」（20万重量トン級，2007年竣工，パナマ船籍）は商船三井が定期傭船[2]し，シンガポール経由でブラジル方面に向けてインド洋を航行中にモーリシャス島の沖合で座礁した。本船にはインド人，スリランカ人，フィリピン人の乗組員20人が乗船していたが，船主により運行管理会社アングロ・イースタン経由で供給されている。

　その後，座礁した船を所有する長鋪汽船と，運航する株式会社商船三井（以下「商船三井」という）が会見し，約1,000トンの重油が流出した可能性が明らかになった。船内に残っていた燃料の大半を回収したが，既に流出した重油は，生態系の基盤となっているサンゴ礁，マングローブや海草を死滅させる可能性がある。これらの希少なサンゴ礁や植物が織りなす環境が，モーリシャス特有の生物多様性につながっている。また，気候変動で気温や海面の上昇がみられる中，海草は波による海岸の浸食も防いでいる。生態系はすべてつながっており，人々の経済，食糧，健康ともつながっているので，重油流出の影響がこれからどう連鎖するか，予測が難しい。

　なお，長鋪汽船は船主として日本船主責任相互保険組合の船主責任保険を付保しているので，本CASEの賠償はその保険でカバーするという。一方，商船三井は，記者会見の場で本件事故の発生について謝罪した上で，現地の環境保全などを目的に総額およそ10億円を拠出する支援策を発表した。サンゴ礁やマングローブ林を保全することを目的とした「モーリシャス自然環境回復基金」を設立し，商船三井は約8億円を拠出する[3]ほか，現地への寄付など約2億円を負担する意向を表明した[4]。

1．本CASEの解説

　本CASEの報を受けて，船主である長鋪汽船と傭船者である商船三井本社は，

1　ケープサイズの船は典型的には載貨重量トンが15万トンより大きく，タンカーならばVLCCやULCCに分類される。このサイズの船はスエズ運河を通航できない。
2　傭船契約とは，他人の船舶を自己のために，一定の約束の下に船舶運用上の責任を定めた上で，所定の料金を支払い借用する契約のこと。
3　「モーリシャス支援に10億円　重油流出事故　商船三井など拠出」『読売新聞』東京版朝刊，2020年9月12日付。
4　「商船三井，モーリシャス支援10億円拠出，基金創設など，賠償と一線」『日本経済新聞』朝刊，2020年9月12日付。

共同記者会見を開いた。商船三井は，船主の長鋪汽船が一義的に損害賠償など
の法的責任を負う事実を明確にした上で，船主から傭船し貨物を運ぶビジネス
モデルは，同社だけでなく，世界の海運業がこのモデルでサービスを提供して
いる海運の根幹であり，この安全の品質を高め，顧客から信頼されるサービス
を継続するのは，事業継続のために必須の条件であると表明している。

　さらに商船三井は，モーリシャスの自然環境への油濁被害を深刻に受け止め，
損害賠償の枠外での資金拠出を決定したと表明して，モーリシャス支援プロ
ジェクトを，①自然環境保護・回復，②現地NGOと政府・国際機関の基金へ
の拠出，③人的貢献，そして，④地域社会・産業への貢献の4本柱で進める意
向を表明した。そして，従来から検船など傭船の安全品質管理に力を入れてき
たことに言及した上で「残念ながらこのような事故が起こり，従来のやり方で
は足りなかったものもあるのではないかと考え，社内で深く議論を進めている
最中だ。第三者の意見も伺い，船主との絆を深めて品質を高めたい[5]」と述べ，
傭船のさらなる安全管理強化を図る考えを示した。つまり，①自然環境保護・
回復では「モーリシャス自然環境回復基金」（仮称）を設立し，現地のサンゴ
礁回復，マングローブ・海鳥の保護を目的に，商船三井は発起人として数年間
にわたり8億円程度を拠出する。船主の長鋪汽船も拠出の意向を表明しており，
日本総合研究所が運営を支援する。そして，②現地の複数のNGOへの寄付や
モーリシャス政府・国際公的機関の基金には計1億円程度を拠出予定であり，
③人的貢献では商船三井グループ社員の現地派遣を継続。モーリシャス駐在員
事務所を設立し，地域社会との中長期的な連携を図るほか，毎年，世界各地の
グループ社員数人を選抜し，モーリシャスでの研修を実施する。そして，④地
域社会・産業への貢献では，2022年をめどに商船三井客船のクルーズ船「にっ
ぽん丸」による日本発着のモーリシャス寄港クルーズを実施する。このほか，
現地ニーズを踏まえて漁業水産業への貢献を図り，既に冷凍コンテナ1本を寄
贈している[6]。

5　共同記者会見における商船三井の意向表明。

6　https://www.jmd.co.jp/article.php?no=260722. 商船三井・池田潤一郎社長「『用船者の社
　会的責任果たす』。環境回復・地域貢献，10億円拠出」（2020年9月14日付『日本海事新
　聞』電子版）。

2．備船者の社会的責任

　法的な側面については，油タンカーの積荷である原油や重油等および燃料油
である重油の油濁事故については，油濁民事責任条約および国際基金条約の油
濁二条約による補償体制が確立されているのに対し，油タンカー以外の船舶の
燃料油による油濁事故については「海事債権についての責任の制限に関する条
約」（下記の項目 3．参照）の枠内で対処されてきた。このため，これら油濁
事故による損害に対して確実な賠償を確保する観点から，1996年から保険付保
の強制化を主な目的として国際貿易に従事する船舶の技術や安全運航等に関す
る規則等を各国政府に勧告する機関である国際海事機関の法律委員会で審議さ
れてきた。その結果，バンカー条約に関する外交会議が開催され，2001年に採
択された。

　わが国では，船舶衝突の事例で船主ではなく定期備船者に不法行為責任を負
わせる判例（注 7 参照）があるが，船主に責任を集中させてP&Iクラブ（船主
責任相互保険組合）への強制加入によって賠償資金を担保しようとするバン
カー条約の趣旨からすれば，ここにいう「船舶所有者」には「定期備船者」は
含まれないと一般に解されている[7]。

　上記にもかかわらず，商船三井は，「法的責任というだけで本件が整理され
るわけでもなく，備船者であるわれわれが社会的責任の責めを負うのは当然
だ」と表明し，海運会社の「社会的責任」についての認識を示した。ESGが重
視される経営環境も今後，海運会社にとって社会的責任を問われる根拠の 1 つ
であり，世界の海運会社の根幹をなす定期備船における安全性の確保について，
備船者の社会的責任について一層踏み込んだ議論が必要とされる。

7　2019年 4 月 1 日に施行された改正商法では「定期備船契約は，当事者の一方が艤装した
　船舶に船員を乗り組ませて当該船舶を一定の期間相手方の利用に供することを約し，相
　手方がこれに対してその備船料を支払うことを約することによって，その効力を生ずる」
　と定義され（商法第704条），船舶賃貸借とは異なる契約類型として規定された。すなわち，
　裸備船契約の下での船舶賃借人の場合には船舶の利用に関して生じた第三者に対する不
　法行為責任を負担するのに対し（商法第703条第 1 項），定期備船契約の場合にはこの条
　文が準用されない（第707条）。ただし，改正商法により，定期備船者の不法行為責任に
　関する従来の判例（平成 4 年 4 月28日最高裁判所判決〔判例時報1421号122頁〕）が否定
　されたか否かについては依然として学説の対立がある。

3．船主責任制限条約（LLMC）について[8]

　船舶所有者，船舶貸借人，傭船者などが自己の責任を一定額に制限する制度
は，古くから各国が自国の海運企業を保護育成するために，独自に設定してき
たが，これらの船主責任制限制度を国際的に統一したのが，1957年にブリュッ
セルで採択された「海上航行船舶の所有者等の責任の制限に関する国際条約」
（1957年条約）である。

　1957年条約は，その後年月が経過して責任制限額が相対的に低下し，被害者
に不利な状況となったため，これを是正する目的で1976年11月19日に政府間海
事協議機関が採択したのが，海事債権についての責任の制限に関する条約
（Convention on Limitation of Liability for Maritime Claims,1976）（以下「76
年条約」という）である。本条約は，1986年に発効し，わが国は1982年に「船
舶の所有者等の責任の制限に関する法律（船主責任制限法)」として国内法化
している。この条約によって，船舶所有者等の責任の限度額は，一船・一事故
毎に船舶のトン数に応じて規定され，一事故による船主・傭船者等の賠償額が
一定額に制限された。

　その後，1993年に開催された国際海事機関の法律委員会において，76年条約
の改正が提起された。そして1996年に改正条約が採択され，2004年に発効して
いる。

4．船主責任保険（P&I保険）について

　P&I保険は，ProtectionとIndemnity保険の頭文字によるものであり，
Protectionは，主に船舶所有者または運航者として第三者に対して負担責任と
船舶乗組員に対して使用者として負担責任を，Indemnityは主に積荷の運送人
として荷主に対して負担責任から生じる賠償責任の補填を意味する。普通期間
保険や船舶不稼働損失保険は，海難事故による本船の損傷修繕費や他船との衝
突賠償金，不稼働期間中の経済的損失を補填するが，海難事故によって発生し
た人身事故や港湾施設等の損傷について損害賠償請求を受けたことにより被る
損害については，これらの保険によって補填されない。このような船舶所有者

8　日本船主協会のウェブサイト
　　（https://www.jsanet.or.jp/environment/text/siryo/siryo3c_04html）を参照した。

あるいは船舶運航者が，船舶の運航，使用または管理に伴って賠償責任を負担したり，費用を支出することによって被る損害を補塡する保険が船主責任保険である。なお，本CASEにおいて貨物船「わかしお」からの石油流出事故については，燃料油による汚染損害についての民事責任に関する国際条約（バンカー条約）が適用されるが，この条約の下で経済的損失と環境的被害に対する賠償額は，事故を引き起こした船舶がオイルタンカーであった場合よりも低い金額水準に設定されている。

REMARKS

　海運業界では海運会社自身が保有する「自社船」，船主からチャーターする「定期傭船」という区分があり，船員の配乗について，定期傭船の場合は船主が行うので，本CASEのような事故については法的には船主の責任と考えられる。そのために船主は船主責任保険も付保しているが，国際的な油濁汚染の事故に発展した場合には，国際社会の非難の目は船主に比べて企業基盤が圧倒的に大きい商船三井のような運航船会社（傭船者）に向かい，事故の経緯や説明が求められるのも事実である。本CASEは，またラムサール条約登録湿地など生物多様性・生態系にとって重要な海域・沿岸域の近辺で生じた事故であり，生物多様性や絶滅危惧種，モーリシャスの食料安全保障や人々の健康への悪影響が懸念される中で，傭船者としての「法的責任」のみに依拠した企業行動に徹した場合は，幅広いステークホルダーから非難を浴びる結果を招いたであろう。

　ESGを理念とする経営に向けて，企業は自らの権利や短期的な利益だけでなく，環境問題や社会に対する責任を考慮する必要がある。傭船者であっても，今後は船主の選定や定期傭船の安全性，さらには船主が雇用する船長や船員の選任基準や質について，厳しい管理責任が問われるであろう。また，万一環境に影響を与えるような事故が発生した場合に備えて，船主責任保険制度の見直し（特に補塡限度額の引き上げ）や，傭船者の責任の範囲の見直しについても，今後検討が進められなければならない。

【参考文献】

岡田豊基『現代保険法・海商法』（中央経済社，2020年）

日経エコロジー編『ESG経営　ケーススタディ20』（日経BP，2017年）

CHAPTER 30　有害物不法廃棄と環境破壊

[石油採掘事業による環境破壊事件]

FOCUS

　アメリカでは1978年に起きた「ラブキャナル事件[1]」を契機に制定された「包括的環境対策・補償・責任法（CERCLA）」（1980）と「スーパーファンド修正および再授権法（SARA）」（1986）の２つの法律（「スーパーファンド法」と総称する）の下で，汚染の調査や浄化はアメリカ環境保護庁が行い，汚染責任者を特定するまでの間の浄化費用は石油税などで創設した信託基金（スーパーファンド）から支出する。浄化の費用負担を有害物質に関与したすべての潜在的責任当事者（Potential Responsible Parties：以下「PRP」という）が負うという責任範囲の広範さが本法の特徴である。PRPには，現在の施設所有・管理者だけでなく，有害物質が処分された当時の所有・管理者，有害物質を発生させた者，有害物質の輸送業者や融資金融機関が含まれる。他方で，環境規制の緩い途上国において，多国籍企業は過去に有害物の不法投棄によって自然を破壊した責任が問われている。以下にエクアドルにおけるシェブロン訴訟の経緯とともに，多国籍企業が展開した訴訟戦略について検討する。

1　1978年にナイアガラ滝近くのラブキャナル運河（ニューヨーク州）で起きた有害化学物質による汚染事件。化学合成会社が同運河に投棄した農薬・除草剤などの廃棄物が原因であった。埋立後約30年を経て，投棄された化学物質等が漏出し，地下水や土壌汚染の問題が表面化して，地域住民の健康調査でも流産や死産の発生率が高いことが確認され社会問題となった。この事件を契機に汚染土壌の浄化費用のための信託基金の設立等を目的とした包括的環境対策・補償・責任法が制定された。

KEYWORDS

フォーラム・ノン・コンビニエンス，二国間投資協定，投資仲裁，公正・衡平待遇義務，スーパーファンド法，潜在的責任当事者

CASE

　エクアドル憲法裁判所は2018年にエネルギー大手シェブロンが，同国アマゾン熱帯雨林地域の先住民の土地に，有害原油廃棄物数十億ガロンを意図的に廃棄したとして95億米ドルの罰金を科した第三審判決を判事の全会一致で支持し，シェブロンの上告を退ける判決を下した。シェブロンは，詐欺行為により騙されたと主張するとともに，エクアドルの裁判所にはアメリカ企業のシェブロンを裁く管轄権はないと主張していたが，裁判所はいずれの反論も棄却した。この判決によって，シェブロンとエクアドル先住民グループとの20年以上の法廷闘争がついに結審したと報じられた。

　一方でシェブロンは1993年にエクアドルとアメリカが締結した二国間投資協定（BIT）を理由に，エクアドル政府が同協定に違反したと主張した。このBITは，エクアドル政府に投資家保護の義務を課しているが，もし外国投資家との間で紛争に発展した場合は，国際仲裁裁判所において紛争解決を図るとする内容であった。そこでシェブロンは，オランダ・ハーグに設置されている常設仲裁裁判所（PCA）に本件の裁定を求めた結果，2018年に常設仲裁裁判所は，エクアドル憲法裁判所が同年にシェブロンに対して下した95億米ドルの罰金判決について，国際法により違反であるとする判断を下した。

1．事実関係　（図表30－1参照）

　アメリカ企業テキサコは，エクアドルの広大なアマゾン地域で1964年に石油採掘を始めた。採掘は1992年まで続いたが，同社がエクアドルから撤退した翌年（1993年）にスクンビオ県のアマゾン地域の複数の共同体が，環境汚染と住民の健康被害を引き起こしたとして，米国ニューヨーク連邦地方裁判所において，テキサコに対して集団訴訟を提起した[2]。この原告は，エクアドル政府では

2　Aguinda v. Texaco, Inc., 945 F. Supp. 625, 627（S.D.N.Y. 1996）.

なく，約３万人の被害者を代表する市民団体（Amazon Defense Front）である。シェブロンは2001年にテキサコを買収したが，同社は裁判所に不便宜裁判籍（フォーラム・ノン・コンビニエンス）を申し立て，裁判所はこれを受理した[3]。そこで，本案件はエクアドルの裁判所に移管された[4]。

　実際にテキサコは，1992年にエクアドルから完全撤退する前に，採掘を展開していた200万ヘクタールの密林を浄化したと宣言したが，現実には土地は汚染されたままの状態であり，タールの排水溝が，河川および帯水層を汚染してきた。同地域の水は生活用水としては使用できない状態となり，住民の間では癌患者の数が増えている上に，その密林地帯一帯にあった稀にみる生物多様性が破壊されてしまったといわれる[5]。

図表30-1　自然環境破壊事件の経緯

年	事項
1964年	エクアドル政府は，1964年に同国アマゾン地区（1,431,430エーカー）における石油採掘事業のコンセッションを米テキサコを主要メンバーとするGulf Texaco Consortiumに付与した。その後，テキサコは同地域におけるテクニカル・オペレーターとして石油採掘事業を継続した。
1992年	テキサコのエクアドルにおける石油採掘事業終了。同事業から撤退。
1993年	エクアドル先住民80人で構成されるAmazon Defense Frontがアメリカ・ニューヨーク連邦地方裁判所に訴訟を提起。2002年に裁判所は訴えを却下した。
1993年	U.S.-Ecuador二国間投資協定締結（2018年５月にエクアドル政府は同協定の破棄を通知）。
1995年	エクアドル政府とテキサコは有害原油廃棄物の処理について和解が成立。その後，合意された処理を完了した。
2001年	シェブロン社によるテキサコの買収。

3　この法理は，裁判所として係争事案についての管轄権を認めるが，審理の利便性，公正さ，そして経済性などの観点から他国（本CASEについてはエクアドル）の裁判所において裁判することがより適切であるとして訴えを却下するものである。

4　アルゼンチン，ブラジルおよびカナダにおいて先住民等によって提起された訴訟もそれぞれ裁判所によって退けられている。

5　2018年12月21日付Le monde en español diplomatiqueから抜粋。
　https://ramonbook.wordpress.com/2013/12/15/ecuador-y-la-mano-sucia-de-chevron/.

2009年	シェブロンはハーグの仲裁裁判所に投資仲裁を申し立てた。エクアドル政府にシェブロン社に対するすべての判決の執行の中止を請求。
2018年	エクアドル憲法裁判所はシェブロン社が有害原油廃棄物数十億ガロンを意図的に廃棄したとして95億ドルの賠償を命じる。他方，ハーグの仲裁裁判所は，エクアドル政府に対してすべての判決の執行の中止を命じる。

2. エクアドル裁判所の判断

　エクアドル憲法裁判所は2018年に，シェブロンが，同国アマゾン熱帯雨林地域の先住民の土地に，有害原油廃棄物数十億ガロンを意図的に廃棄したとし95億米ドルの罰金を科した第三審判決を判事の全会一致で支持し，シェブロンの上告を退ける判決を下した。

　裁判の原告は，エクアドル先住民族保護団体「Amazon Defense Front」と称する先住民80人で構成される団体である。シェブロンを相手取った訴訟は，1993年にニューヨーク連邦地方裁判所から始まり，エクアドル，カナダでの裁判所も巻き込みながら展開された。エクアドルの裁判所に提訴されたのは2011年で，既に同国における民事訴訟の最上級裁判所（エクアドル国家司法裁判所）は全会一致で先住民側の勝訴判決を出していた。その後，シェブロンは憲法違反を盾に違憲審査のみを行う憲法裁判所に提訴したが，同裁判所はシェブロンの主張を退けた。

3. 常設仲裁裁判所の判断

　国際民事紛争の仲裁を行う常設仲裁裁判所の仲裁パネルは2011年にエクアドル政府に対し，シェブロンに対するすべての判決の執行を中止するよう命じた[6]。

　シェブロンは2009年9月にハーグの仲裁裁判所に仲裁を申し立てた。これはエクアドルの原告による訴訟を封じ込める同社の戦略の一環であった。仲裁裁

6　仲裁裁判所は，エクアドル憲法裁判所がシェブロンに対して下した95億米ドルの罰金判決について，国際法違反とする判断を下した。エクアドル政府が選定した仲裁人1人を含む3人全員の仲裁人が，エクアドルの裁判所で争われた本事件では，原告側から裁判官への賄賂等の腐敗行為が確認されたとし，さらに罰金判決はアメリカ・エクアドル二国間投資協定に違反すると判断した。

判所は，アメリカ・エクアドルの投資協定[7]の条項に基づき設置されたもので，3人の仲裁人で構成されていた。その内1人はシェブロンが指名し，もう1人はエクアドル政府が指名した法律専門家であり，残る1人はこの2人の専門家が合意した法律専門家であった。上記の仲裁裁判所の判断を受け，シェブロンはエクアドル裁判所の罰金判決に服する義務がなくなったと主張した[8]。

　本仲裁判断は，シェブロン等をエクアドル政府が免責しなければならないという義務に違反し，それは上記の投資協定違反を構成するという内容であった。さらに，エクアドルにおける判決は，不正な手段で得られたものであり，それは公正・衡平待遇義務（fair and equitable treatment）および国際慣習法（customary international law）で要求される水準を充足せず，したがって投資協定の公正・衡平待遇条項違反となると判断された。投資協定においては，投資受入国は外国投資家に対して「公正かつ衡平な待遇」（公正待遇）を与える義務が規定されることが一般的であり，この原則は国際法上の原則として定着しつつある。

REMARKS

　1964年にアメリカ・テキサコはエクアドル政府よりコンセッション（採掘権）を得てGulf社の現地子会社とConsortiumを結成し共同で石油の開発・生産を開始した。実際の原油採掘事業は，もともとはエクアドルの国営原油採掘公社によって行われ，テキサコはこの公社に出資していた。テキサコは，1995年にエクアドルの本事業から撤退するに際し，エクアドル政府と和解契約を締結して，同社の権益の割合に相応の分担金を支払っているが，この和解条件はエクアドルの先住民等にとって不当な内容であったとして，エクアドル先住民族保護団体は2001年にテキサコを買収したシェブロンに賠償請求した事件が本CASEである。

　本CASEは，M&Aにおいて徹底したデューディリジェンスとその結果に基づく訴訟リスクの見極めが重要であることを改めて認識させるCASEであるとともに，シェブロンによる訴訟戦術の卓越さを示しているが，ESG経営の観点からは，本

7　投資協定とは，海外に投資する企業や投資財産の保護，および投資規制の透明性の向上などによって，海外投資を促進するための国家間の協定。

8　仲裁裁判所の判断によると，業界の中で信頼のある事業者が原状回復の作業を遂行し，原状回復作業は完了したという。

CASEのように法的防御に終始するのみで，現地の人々の環境被害に背を向けてしまっていいのか疑問を感じる。当時テキサコが操業をなしたエクアドルにおいては，環境法制が整備されず，そのため先進国とは比較できないような安価なコストで採掘作業が行われた様子が想像されるが，買収企業であるシェブロンは，ESGの理念に基づき，環境の保全と地域住民の救済に向けて合理的な支援策を講じるべきであったのではないだろうか。

　2012年に行われたシェブロンと原告団との和解交渉において，原告側からは金利負担分を含めた190億ドルの賠償金額について，具体的な和解提案があったとされるが，それ以降交渉は途絶えていると報じられている[9]。

【参考文献】

小寺彰『国際投資協定　仲裁による法的保護』（三省堂，2010年）

フレッシュフィールズブルックハウスデリンガー法律事務所編集『よくわかる投資協定と仲裁』（商事法務，2018年）

阿部克則監修，末冨純子＝濱井宏之著『国際投資仲裁ガイドブック』（中央経済社，2016年）

9　Wall Street Journal, "Litigation Without End: Chevron Battles On in 28-Year-old Ecuador Lawsuit", 2 May 2021.

おわりに

　経済のグローバル化が進むにつれて，日本企業がその事業展開を図る上で海外との様々な結びつきはより密接になりつつある。国際ビジネスの進化は急速に進んだが，企業の国際化やグローバル化を担う人材の育成は欧米各国と比較して遅れをとっている懸念がある。

　日本におけるビジネスの常識が，時としてグローバル市場における非常識であることに気づかないビジネスパーソンが少なくないのではないだろうか。近年の自動車部品カルテルにみられるような，日本人のビジネスパーソンがターゲットではないかと思わせるような，日本企業による不祥事が連綿と続く理由を深く考える必要がある。

　国際ビジネスのフレームワークは，欧米のビジネスのフレームワークであり，言語，取引方法・貿易の仕組み，法令や為替制度などの基礎的な理解が不可欠である。国際ビジネス法は，この中でも特に国際ビジネスの法的フレームワークを取り上げ，契約交渉，契約内容，訴訟クレームなどの基本的な枠組みを理解するだけではなく，公正なビジネスの発展に向けた反トラスト法や反贿賂法などの様々な行動規制を遵守する必要がある。つまりビジネスの表舞台だけではなく，その裏舞台で何をすべきか，そして何をすべきでないかを十分理解していなければ，良識あるESG時代のビジネスパーソンとはいえない。また，グローバルに活躍するビジネスパーソンには，上記の法令のほか，製造物責任法制，労働法，環境法なども学び，公正なビジネスを展開するための法的素養も重要である。

　最後に，2021年7月には，新興国における人権問題をめぐり，フランス当局は，人道に対する罪の隠匿の疑いで，日本の衣料メーカーのフランス法人の捜査が開始された。従来は，ビジネス倫理の課題とされていた「人権」への対応は，もはや企業の法的責務としての色彩を帯びている。これまでの国際法務戦略は，訴訟戦術を駆使して法的責任を回避することに腐心してきたが，もはや社会的責任を無視した訴訟戦略は社会的非難の的となる懸念がある。近年は

SDGsの下でESGに焦点を当てた企業のサプライチェーンの監査と社会的課題への取組み姿勢が問われているので，本書のPART Ⅲを参照していただき，ESG時代に求められる社会的価値観に適うビジネスの展開を検討していただきたい。

　国際ビジネス法の包括的な枠組みを紹介した本書が，初学者の方々の学習の指針となり，実務に携わるビジネスパーソンの方々の業務の一助になることを祈念している。

事項索引

欧文

あ行

か行

さ行

【著者紹介】

阿部 博友（あべ　ひろとも）

1980年一橋大学法学部卒業。筑波大学ビジネス科学研究科博士課程修了。博士（法学）。三井物産株式会社勤務を経て，2009年～2011年明治学院大学法学部教授。2011年～2021年一橋大学大学院法学研究科教授（現在は名誉教授）。名古屋商科大学ビジネス・スクール教授（2021年4月から現在）。

法務省日本法令外国語訳推進会議座長。復興庁行政レビュー外部有識者委員。復興庁入札等監視委員会委員長。

国際取引法学会理事副会長。一般社団法人GBL研究所理事副会長。

[著書]

『リーガルイングリッシュ－ビジネスコミュニケーションの技法』（中央経済社，2021年）

『ブラジル法概論』（大学教育出版，2020年）

『ビジネス法体系　国際ビジネス法』（第一法規，2016年）［共著］

『現代企業法務』（大学教育出版，2015年）［共著］

国際ビジネス法概論

2022年3月30日　　第1版第1刷発行

著　者　阿　部　博　友

発行者　山　本　　継

発行所　㈱中央経済社

発売元　㈱中央経済グループ
　　　　パブリッシング

〒101-0051　東京都千代田区神田神保町1-31-2
電話　03（3293）3371（編集代表）
03（3293）3381（営業代表）
https://www.chuokeizai.co.jp
印刷／三英印刷㈱
製本／㈲井上製本所

© 2022
Printed in Japan

*頁の「欠落」や「順序違い」などがありましたらお取り替えいたしますので発売元までご送付ください。（送料小社負担）
ISBN978-4-502-38341-0　C3032